2021年

长沙市会展业发展报告

许名勇◎主编

湘潭大学出版社

总　序

《长沙市国民经济和社会发展第十四个五年规划和二〇三五年远景目标纲要》强调，要聚焦人民群众对美好生活的向往，以高品质、多样化、便利化为导向，重点发展旅游休闲、文化创意、商贸服务等产业，突破生活性服务业领域物理限制和服务半径，推动生活性服务业扩容提质。产业是经济发展的引擎，直接决定了经济发展的状况。产业链的基础是产业，对接产业办专业是职业教育的关键，了解产业动态，掌握产业现状，研究产业发展趋势，预测产业人才需求，是高职院校专业良性发展的重要条件。国家“双高计划”建设单位长沙商贸旅游职业技术学院是长沙市人民政府主办的全日制高等职业院校，办学60年来，坚持“立足长沙、服务三湘（湘菜、湘商、湘旅）”的办学定位，紧跟长沙市产业布局，积极探索“政行企校”合作办学机制，创新“产教融合、校企合作”途经，推进职业教育高质量发展。每年一度的“二级学院院长说产业、专业主任说专业”教研活动引起了职教界的普遍关注，由学校牵头，联合政府和行业企业编制产业年度报告，开启了服务决策咨询的全新尝试。

为此，2019年我校组织编写并出版了《2019年度长沙市会展业发展报告》和《2019年度湖南省湘菜产业发展报告》两本年度报告，得到了湖南省以及长沙市相关主管部门、餐饮行业和湘菜企业、会展行业和会展企业的好评，成为相关单位制定决策规划和年度计划的智库帮手。在丛书的使用过程中，兄弟省市及同类院校的读者就报告的内容组织、章节设置和呈现形式等方面提出了宝贵的建议和意见，为下一年度报告的编写提供了很好的参考价值。

2021年，受疫情和国际形势的影响，部分产业遭受重创，给经济发展带来了空前的挑战。在此背景下，我校按照长沙市产业发展蓝图，结合专业优势，整合社会资源，组织编写了《2021年长沙市湘菜餐饮业发展报告》《2021年长沙市金融业发展报告》《2021年长沙市会展业发展报告》《2021年长沙市文化和旅游业发展报告》和《2021年长沙市电子商务业发展报告》五本产业发展报告，全面呈现产业数据，记录重要变化和需要反思的时刻，洞察分析、前瞻预判，期待能够为产业振兴提供更有价值的专家观点和趋势预测信息，为长沙市有关部门提供决策咨询依据，为湖南省“三高四新”的建设贡献职教力量。

编委会主任、校长：刘国华

序

2020年，全球会展业因新冠肺炎疫情影响遭受巨大冲击，全面停摆。面对严峻挑战，长沙会展业在地方政府的高度重视与大力支持下，于4月30日至5月5日成功举办湖南汽车展览会暨长沙市首届汽车消费节，率先打响了会展业复工复产的第一枪，成为全球首个在专业场馆内举办的大型展览活动，在国内外会展业界引起强烈反响，产生了很好的示范带动效应，为疫情防控常态化背景下的会展业有序复工复产提供了成功案例和崭新模式。

2020年，长沙市会展业以“三高四新”战略为引领，坚持产业会展，探索技术赋能，深化产教融合，努力推动产业高质量发展。全市共举办各类会展活动519个，同比减少51.99%，会展规模下降，但比较优势显著提升，品牌影响不断增强，会展设施日臻完善，会展教育成果显著。但也存在行业政策法规体系有待健全、主体培育力度有待加强、品牌竞争实力有待提升、展会服务模式有待创新、国际影响效益有待扩大、人才支撑力度有待加大等问题。基于此，本报告通过数据分析、比较分析、文献分析等多种研究方法，全面总结长沙市会展业发展情况，挖掘发展潜力，提出政策建议。

报告第一部分介绍了长沙市会展业的总体情况，结合具体数据，对展览、会议、节事活动、演艺活动、赛事五大业态和场馆、人才培养的情况进行了分析；第二部分从中部六省省会城市、一线城市、其他省会城市及重要地州市中选择了武汉、郑州、太原、南昌、合肥、上海、广州、重庆、深圳、北京、青岛、济南、临沂、南京、西安、成都、厦门、昆明、长春等19个知名会展城市，从发展规模、项目规模、硬件设施、产业管理、人才培养等五个方面与长沙市进行了对比分析；第三部分梳理总结典型会展城市上海、厦门、成都、长春、南宁的会展业发展特点及经验，为长沙市会展业高质量发展提供有益借鉴，最后分析了长沙会展业发展的潜力并提出相关建议。

本报告在编写过程中，得到了湖南省商务厅、湖南省会议展览业协会、长沙市会展工作管理办公室等单位有关领导的大力支持和悉心指导，在此表示诚挚的感谢！

会展产业报告编制工作专业性、学术性较强，目前仍有许多问题有待深化研究，尤其在健全统计体系、规范统计范围、完善统计标准等方面存在较大困难。由于时间紧迫、水平有限，报告中难免有疏漏和不当之处，敬请各界专家学者不吝指正。

《2021 年长沙市会展业发展报告》课题组

2022 年 7 月

目　录

第一部分　总体情况

2020 年，新冠肺炎疫情给全球会展业带来了巨大冲击，根据全球展览业协会（Union of International Fairs，以下简称“UFI”）估算，2020 年全球展览业相较于 2019 年萎缩 68%，行业收入损失近 2000 亿欧元[①]。国内举办线下展览总数为 5408 场，展览总面积为 7726.61 万平方米，较 2019 年分别减少 50.98% 和 48.05%[②]。面对困境，长沙市会展业始终坚持以“三高四新”战略为引领，以产业会展为路径，凝心聚力、共克时艰，统筹疫情防控和复工复产，积极培育重点展会，主动对外交流合作，不断推动行业高质量发展，全面实现“中部会展高地”的发展目标，初具“国家会展名城”发展雏形。以展览数量、展览面积等主要经济指标为基础形成城市会展业综合竞争力指数，长沙连续五年以明显优势在 123 个省会城市及地级市中排名第一，被全国会展业界誉为“中国会展业一道靓丽的风景”。

一、综述

（一）率先复展树立行业标杆

面对突如其来的疫情，行业主管部门在领导的高度重视与支持下，积极应对，谋篇布局、纾危解困，以强烈的责任担当统筹抓好疫情防控和推动行业复苏。2020 年 4 月 30 日至 5 月 5 日，湖南汽车展览会暨长沙市首届汽车消费节在湖南国际会展中心成功举办，销售车辆 2.39 万台，销售金额 52.68 亿元，成交比率达到 38%，创下历届最高，打响了全国会展复工复产的第一枪，吹响了以会展促消费、振信心的集结号，同时为其他产业复苏产生了积极的示范和拉动效应，体现了湖南人的敢为人先、担当作为，长沙会展人的运筹帷幄、精准施策，为全球会展业有序复工复产提供了成功案例和崭新模式。UFI 官方杂志《展览世界》等中外主要媒体头版报道盛况，给予高度赞誉。建博会、婚博会随后同日开幕，长沙会展再次按下复工复产“加速键”，由此

① 数据来源：《中国展览经济发展报告（2020）》。
② 数据来源：《2020 年度中国展览数据统计报告》。

诞生了“长沙经验”，以“长沙经验”为蓝本的《展览活动与展览场所新冠病毒肺炎疫情防控指南》和《会议活动与会议场所新冠病毒肺炎疫情防控指南》作为范本得到会展行业的高度认可。

（二）规模下降效益逆势提升

2020年，全市共举办各类会展活动519个[①]，同比减少51.99%，其中展览类202场，同比减少48.21%；会议类82场，同比减少57.51%；节事类85场；赛事类24场；演艺类126场。展览总面积为246.27万平方米，虽较上年相比下降了28.20%，但展览面积全国占比从2.18%增加至3.19%，展览规模排名从2019年的全国第15位跃升至第9位，长沙展览规模排名全国城市第7位，较2019年上升4位[②]。在展览数量和展览面积下降的情况下，成交金额较上年增长了16.8%，展会现场交易活跃度明显提升，长沙会展逆势上扬，展览活动呈现由数量增长向质量增长的转变趋势。

（三）设施完善保障行业发展

长沙市建成并投入使用的展览场馆和会议中心共11座，其中室内展览面积2万平方米以上的专业展览场馆共4座。2020年10月，长沙国际会议中心投入运营，场馆规模和档次在中西部地区排名第一，填补了湖南承办中高端会议硬件设施场地的空白，提升了湖南乃至中部地区会议产业发展水平。长沙国际会议中心与长沙国际会展中心形成一体两翼、并驾齐飞的会展发展格局，其区位优势、集聚优势、联动优势明显，成为现代服务业集聚区、品质长沙新标杆。长沙北辰国际会议中心，与会展产业关联度较大的交通、餐饮、娱乐、休闲、信息网络等配套设施也逐步完善，为会展业发展提供了设施保障。

（四）产业发展增强品牌效应

坚持以产业带动会展，以会展促进产业，瞄准22个新兴及优势产业链，精准对标、精准施策、精准发力，推动会展产业与优势新兴产业紧密结合、融合发展。依托产业优势，整合优势资源，加大市场力度，通过精简优化同类型展会、扶持培育地方

---

① 统计总数涵盖展览类、会议类、节事活动类、赛事和演艺活动类，详见附录。
② 数据来源：《2020年度中国展览数据统计报告》。

特色品牌展会、引进优质国内外会展品牌，持续深化会展品牌培育工程，形成多个知名品牌展会，如长沙国际工程机械展览会、中非经贸博览会、中国国际食品餐饮博览会、中国中部（湖南）农业博览会、中国（长沙）国际汽车博览会、中国（长沙）国际装配式建筑与工程技术博览会、中部（长沙）建材新产品招商暨全屋定制博览会等，其中经 UFI 认证的展览项目 2 个，分别是中国中部（湖南）农业博览会和中国（长沙）国际汽车博览会。品牌展会实力不断增强，辐射引领作用稳步提升，长沙连续五年在城市会展业竞争力指数排名中保持中部第一，获评中国最佳会议目的地城市、中国最具竞争力会展城市。

（五）技术赋能会展模式创新

长沙会展业深入贯彻落实党中央、国务院关于创新展会服务模式的要求，以推动线上线下展会融合发展为导向，在展会项目中大胆创新，不断探索，运用 5G、VR/AR、大数据等现代信息技术手段，积极实施云展会、云会议、云展台等数字展会项目，开拓会展线上线下联动的新局面，有力推动长沙会展信息化进程。2020 湖南车展首次引入远红外线智能防疫机器人，集 360 度无死角监控系统、红外温度探测系统、人脸识别和智能语音识别系统以及智能大数据分析系统等黑科技设备，有效对人员密集场合精准测量人群体温，并捕捉异常情况，为车展构筑最专业的“防火墙”。同时展会现场融入了无人驾驶、人工智能、虚拟现实等科技元素，进一步拉升展会平台价值，凸显“智能制造”。2020 中国（湖南）国际绿色发展博览会全新启用“线上展会”平台，专业组织全媒体全程线下 + 线上立体展播，将 3 天线下展延伸至 24 小时 ×365 天，实现企业展位、展品、商机全天候在线，不仅为疫情防控常态化期间的中高危地区观众的在线观展提供了便利，更为重要的是，其突破了展览时间、展览区域的限制，打造了永不落幕的展会，为行业创新发展提供了成功借鉴。

（六）产教融合打造教育品牌

2020 年，长沙市共有 6 所高等院校开设了会展经济与管理专业（本科 3 所）和会展策划与管理专业（高职 3 所），2 所本科院校设置了会展专业硕士点，4 所高职院校开设了会展相关专业[①]，尽管专业布点及办学规模在中部六省乃至全国相对较小，但特

① 会展相关专业包括展示艺术设计、服装陈列与展示设计、文物展示利用技术、婚庆服务管理、体育运营与管理等。

色鲜明、成果显著。长沙商贸旅游职业技术学院与中国贸促会商业行业委员会和行业领军企业积极协作，牵头制订团体标准《会展项目管理职业技能等级标准》，合作制订“1+X”《会展管理职业技能等级标准》，共同开发《会展职业经理人认证培训》《会展职业内训师培训》等在线培训课程。该校牵头联合全国 18 个省（自治区、直辖市）的 25 所职业院校和 90 个行业单位，成立共建共享联盟，共同建设国家职业教育会展策划与管理专业教学资源库；构建“岗课赛证”相融合的育人体系，建立校际学分互认机制和资源交易机制，发挥示范引领效应，辐射带动会展相关院校专业教学改革与发展，形成多样化教学成果；协同构建在线教学培训认证机制，健全在线培训组织体系，融合职业能力育训赛标准，打造了“人人皆学、时时能学、处处可学、样样有学”的开放式在线教学生态系统，有力支撑全国 221 所院校 632 名教师、19979 名学生“停课不停学”、服务全国 415 家会展企业协会及企业 3697 名社会学习者“停工不停训”。会展教育培训的“长沙样板”在疫情防控中做出的“湖南贡献”得到了新闻媒体的广泛报道，荣获“教育部在线教学实践优秀成果”“湖南省职业院校线上教学优秀案例”。

二、场馆分析

（一）场馆基本情况

在场馆数量上，长沙市未放缓建设的步伐，数量进一步增加。截至 2020 年末，长沙市已建成并投入使用的主要展览场馆和会议中心共有 11 座，2020 年新增了长沙国际会议中心，另有一个在建项目——长沙北辰国际会议中心，反映了疫情冲击下长沙的会展场馆设施建设步伐并未停滞。

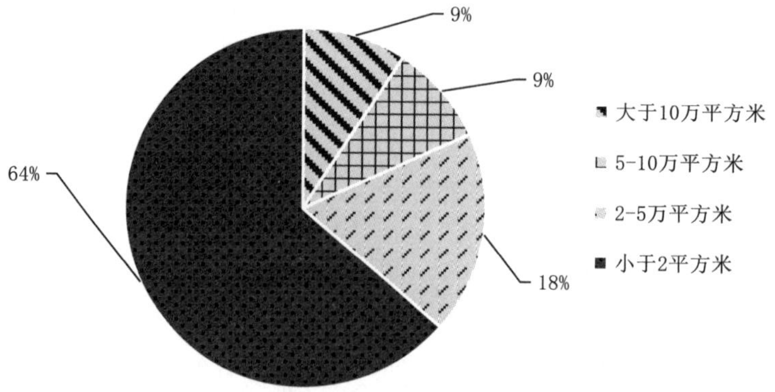

图 1-1　长沙市不同展览面积的场馆占比情况

在场馆规模上，小型场馆多，中大型场馆较少。室内展厅面积 10 万平方米以上的仅 1 座，占总数量的 9%；5 万~10 万平方米的 1 座；2 万~5 万平方米的 2 座；2 万平方米以下的 7 座，占比为 64%。

在场馆效益上，受疫情影响，场馆使用率总体下滑。以长沙国际会展中心、长沙红星国际会展中心、湖南国际会展中心、湖南省展览馆四大展馆办展数量为例，2020 年举办展览数量为 101 场，相比 2019 年的 128 场，下降了 21.1%。其中长沙国际会展中心 24 场、长沙红星国际会展中心 25 场、湖南国际会展中心 27 场、湖南省展览馆 25 场。

表 1-1　长沙市主要场馆建设情况

展馆名称	建成时间	室内展览面积（万平方米）	室外展示面积（万平方米）	展览总面积（万平方米）	国际标准展位（个）	会议厅面积（万平方米）
长沙国际会议中心	2020	—	—	—	—	3.40
长沙国际会展中心	2016	11.40	10.00	21.40	6000	—
湖南国际会展中心	2002	5.00	3.50	8.50	2000	0.28
长沙红星国际会展中心	2002	3.60	1.40	5.00	1500	0.20
青竹湖国际会展中心	2007	2.00	2.70	4.70	2000	0.20
湖南省展览馆	1958	1.50	0.50	2.00	500	0.01
湘才国际会展中心	2008	1.00	—	—	400	0.08
长沙国家高新技术产业开发区麓谷会展中心	—	0.80	2.00	2.80	—	—
长沙梅溪湖国际文化艺术中心	2016	—	—	1.00	—	—
长沙大河西先导区规划馆	2011	—	—	0.20	—	—
长株潭“两型社会”展览馆	2011	—	—	0.28	—	—

（二）典型场馆分析

1. 长沙国际会展中心

长沙国际会展中心总占地面积约800亩，包含6组12个单层无柱展馆，两个登录厅、内廊及室外展场，分两期建设。一期工程已于2016年11月建成并投入运营，主要包括北登录厅、中心广场、西广场、内廊及北面四组八个展厅，其中单馆室内展览面积1.35万平方米，室内总展览面积约11.40万平方米，可提供室内标准展位约6000个，室外展示面积约10.00万平方米。硬件设施设备可承接国内外各类大型专业巡回展。二期全面建成后，室内展示面积将达到17.75万平方米[①]，是中部地区重要的综合性展览中心之一。

面对2020年上半年疫情的不利影响，长沙国际会展中心持续发力连续举办2020长沙国际工程机械后市场交易大会、湖南省孕婴童产业博览会、湖南省旅博会、2020年第十八届中国畜牧业博览会等，仅2020年下半年就举办经贸类展览25场，展览总面积达120万平方米，跃居全国第15位[②]。

2. 湖南国际会展中心

湖南国际会展中心2002年正式投入运营，总建筑面积11万平方米，室内展览面积5万平方米，国际标准展位2000个，可同时分区举办500至1000个展位的展览3场，根据需要可分隔大小各异的多样展区，展馆配套有新闻中心、会议室、商务中心和贵宾休息厅等，可同时容纳18至500人举办会议[③]。2020年被湖南省政府办公厅授予“第一届中国－非洲经贸博览会筹办先进单位”荣誉称号。

2020年4月30日，长沙成功举办了疫情形势下全国会展业重启第一展——湖南车展。这是史上防疫措施最严的一届车展——面对6万多人次的观展总人数，为确保展会安全，2020湖南车展组委会提前与卫健部门、疾控部门进行沟通，推出了红外测温、人脸识别、实名制入场、大数据分析等一系列有效防控手段，多个黑科技产品悉数登场，车展“六必制”防疫措施（身份必问、信息必录、体温必测、口罩必戴、消毒必做、

① 数据来源：长沙国际会展中心官网。
② 数据来源：《2020年度中国展览数据统计报告》。
③ 数据来源：湖南国际会展中心官网。

突发必处）不折不扣严格执行，为参展商与观众成功打造了一场最安全、舒心的汽车盛典。办展防疫工作成为典型经验，吸引全国 40 多个观摩团前来考察、学习。

3. 长沙国际会议中心

长沙国际会议中心于 2020 年 10 月 30 日正式投入运营，位于长沙市高铁会展新城会议会展片区，总用地面积约 21.27 万平方米，总建筑面积约 17 万平方米，会议使用面积 3.40 万平方米，总投资约 26 亿元，可提供丰富的会议、宴会及活动场地，主要包括一个 7800 平方米的主会场、5100 平方米的多功能展厅、3400 平方米的宴会厅、1800 平方米的圆桌行政会议厅、两个 1700 平方米的会议厅以及 200 至 800 平方米的小型会议室、新闻中心、贵宾厅及其他功能配套的工作间，共计 60 间，同时配备约 7000 平方米的屋顶花园。2020 年荣获第十九届中国会展业金海豚奖大奖“最具期待会议中心奖”、全国会展工作委员会“2019—2020 年度中国会展场馆新秀”两项大奖。

2020 年 11 月 13 日至 16 日，承办第十五届中国成长型医药企业发展论坛，这是长沙国际会议中心首个大规模、高层次、专业型的国际高端大会，开展了 30 余场专业论坛，会议规模 6000 人次以上，并在线上向 100 个国家进行了同步直播，展现了长沙国际会议中心一流的环境和配套设施、一流的理念和服务。

4. 长沙红星国际会展中心

长沙红星国际会展中心于 2002 年落成，是长沙举办各类型展会的重要平台，总展览面积 5.00 万平方米[①]，地处长沙南城片区核心位置，周边交通便利、配套完善。展馆功能简捷而实用，展厅的布置可根据不同展览的个性化需求“量身定做”。会展中心拥有 8 个多功能会议室（包含 4 个贵宾厅），约 2000 平方米，可容纳 2000 多人，方便举办中小型会议、论坛及酒会等。中央空调、电力、给排水等完善的公共基础设施保证展会的顺利和舒适。

2020 年长沙红星国际会展中心成功举办的展会主要有：第二十二届中国中部（湖南）农业博览会，红星车展，第十四届中国长沙（国际）孕婴童产业博览会，湖南省第十一届农业机械、矿山机械、电子陶瓷产品博览会，2020 湖南消费购物展暨消费扶贫系列活动启动式等。

---

① 数据来源：红星国际会展中心官网。

5. 湖南省展览馆

湖南省展览馆是中国展览馆协会理事单位，是长沙市会展行业协会会长单位。展馆位于长沙市区中心地带，临近湖南省博物馆、烈士公园、清水塘纪念馆等景点景区，文化气息浓厚，毗邻繁华的金融一条街，客流丰富，交通发达。展馆室内展出面积 1.50 万平方米，其中一层面积近万平方米，可搭建标准展位 500 个，设施设备配套齐全，能承办各类中小型展会，具有丰富的办展经验和专业服务队伍，是长沙政治、经济、科技、文化宣传交流的重要窗口之一。作为湖南省首家国家二级资质展览工程单位，省展览馆迄今已成功举办各类展览、展销活动超千场次，屡获国家、部委、省市级“最佳设计制作奖”“最具组织奖”“最佳优质服务奖”“十佳会展企业”等奖项。

6. 长沙梅溪湖国际文化艺术中心

长沙梅溪湖国际文化艺术中心位于国家级长沙湘江新区，由扎哈·哈迪德设计，总投资 28 亿元，总用地面积 10.00 万平方米，总建筑面积 12.00 万平方米，包括 4.80 万平方米的大剧院和 4.50 万平方米的艺术馆两大主体功能，地上地下共 11 层。大剧院由 1800 座的主演出厅和 500 座的多功能小剧场组成，品字形舞台共 2500 平方米，配置多个双层升降台、普通车台和旋转车台，升降乐池，满足大型舞台演出，三管乐队演奏以及三维空间演出的使用要求。艺术馆由 9 个展厅组成，展厅面积达 1.00 万平方米，能承接世界一流的大型歌剧、舞剧、交响乐等高雅艺术表演。2020 年 11 月 24 日，荣获 2020 年度伦敦设计奖（London Design Awards）金奖。

7. 长株潭“两型社会”展览馆

长株潭“两型社会”展览馆，坐落在长沙橘子洲头，面积 2800 平方米，2011 年 3 月建成，是全国首个以资源节约型、环境友好型社会建设为主题的展览馆。展览馆定位为“两型社会”建设的宣传展示窗口、教育基地、国内国际交流平台，承担着传播“两型”理念、展示“两型”成果、描绘“两型”未来的任务。展览馆在运用传统展示手法进行精心设计与布展的同时，融入触摸屏、LED、发光地图、电子翻书、虚拟驾驶、多通道投影、多媒体、3D 弧幕影院等现代技术，成为一座集成果展示、科普教育、特色旅游、文献查询、工作交流等多功能于一体的综合性展馆。

三、项目分析

（一）展览情况

伴随长沙市经济吸引力、影响力持续攀升，基础设施的日益完善，展览业对经济发展的作用愈发凸显。疫情下，长沙市展览数量虽减少，但在展览服务、规范管理方面积累了宝贵经验，为展览业的发展带来新动能。

1. 线下展率先复苏，线上展逆势增长

据统计，2020 年长沙市举办展览 202 场，展览总面积 246.27 万平方米，较 2019 年分别下降 48.21% 和 28.20%，成交额同比上升 20.24%。2020 年 4 月 30 日湖南汽车展览会暨长沙首届汽车消费节拉开全国复展复业的序幕，本次车展是长沙率先全国恢复会展后的第一个大型展会。

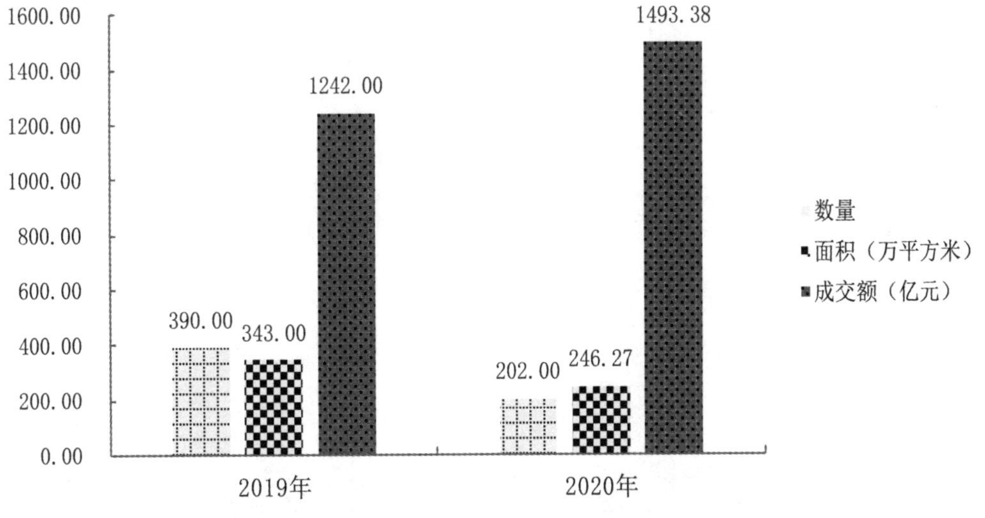

图 1-2　2019-2020 年长沙市展览数量、面积、成交金额情况

长沙市在疫情中形成了“防疫 + 办展”“线上 + 线下”“稳定存量 + 增量”的模式，稳健复苏、稳中向好的态势持续显现，进入 2020 年全国内地城市展览面积和数量排名前十。

长沙会展业深入贯彻落实《商务部办公厅关于创新展会服务模式 培育展览业发展新动能有关工作的通知》，充分运用现代信息技术手段，积极促进线上线下办展融合

发展，打造“一展两模式”，加快推进展览业转型升级和创新发展，成功举办第十八届（2020）中国畜牧业博览会暨2020中国国际畜牧业博览会、2020第二十二届中国中部（湖南）农业博览会、2020中国（湖南）国际绿色发展博览会等展会。

2. 各级展览数减少，但影响力持续向好

按照展览项目主办方的级别，一般将其分为国际级、国家级、省级、市级及以下四个级别。从展览级别来看，2020年长沙市共举办国际级展览项目4个，约占全市展览项目总体的1.98%，同比减少1个；国家级展览项目19个，约占全市展览项目总体的9.41%，同比减少15个；省级展览项目95个，约占全市展览项目总体的47.03%，同比不变；市级及以下展览项目84个，约占全市展览项目总体的41.58%，同比减少172个；降幅最大的是市级及以下展览，较2019年分别下降67.19%。疫情下虽然整体数量下滑，但展览的影响力却十足，如2020湖南汽车展览会暨长沙首届汽车消费节、第12届中部（长沙）建材新产品招商暨全屋定制博览会、2020中国国际食品餐饮博览会、2020第二十二届中国中部（湖南）农业博览会。

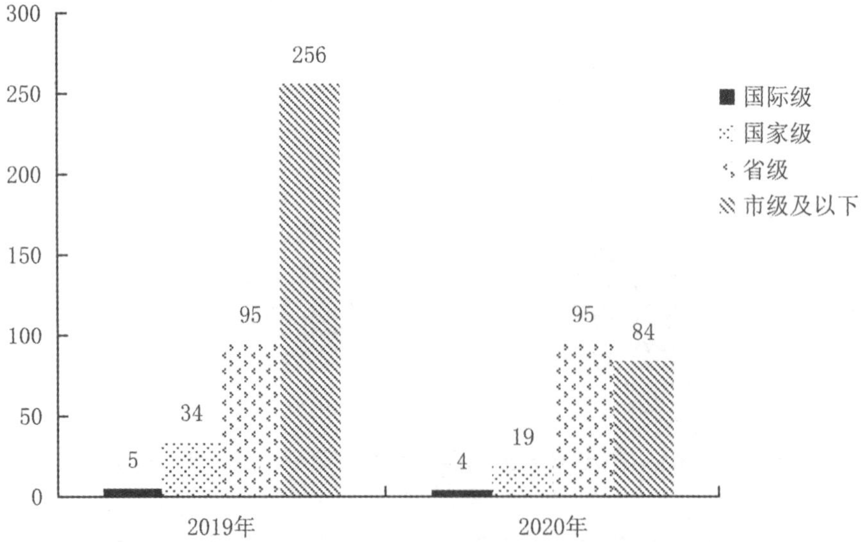

图1-3 2019—2020年长沙市各级别展览数量（单位：场）

3. 季节性特征凸显，三四季度办展多

从办展时间分布来看，长沙市2020年上半年举办了60场，占全年的29.70%，同

比减少 63.86%，下半年举办了 142 场，占全年的 70.30%，同比减少 36.61%，下半年展览数量远远大于上半年。究其原因：一是季节性差异，二是疫情影响。

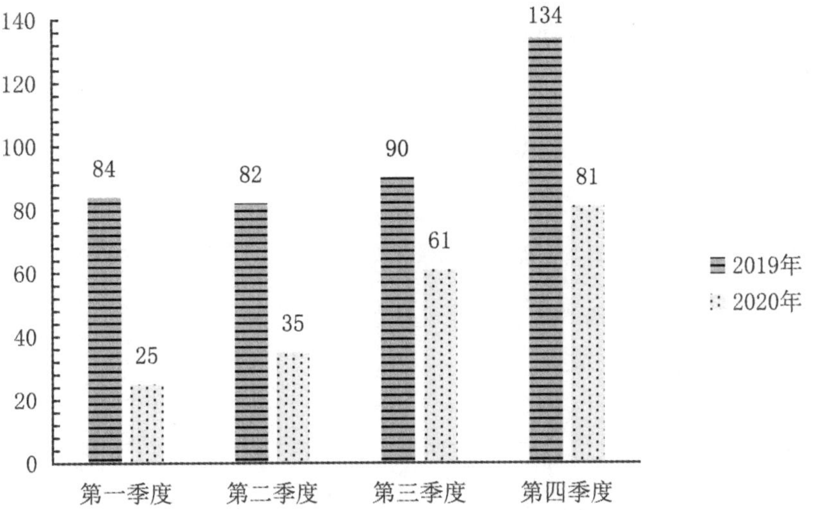

图 1-4　2019—2020 年长沙市展览数量季度分布（单位：场）

从季度分布来看，第一季度展览数量最少，占比 12.38%；第二季度展览行业开始复苏，办展 35 场，比上一季度增加 40.00%；第三季度复苏渐入稳定期，比第二季度上升 74.29%；第四季度展览数量达到顶峰，占比 40.10%，是第一季度数量的 3.24 倍，季度分布规律与 2019 年基本保持一致。

4. 展览类型多样化，教文体娱为主体

从类别分布来看，2020 年湖南省举办 202 场展览涉及教文体娱类、制造类、农林牧渔矿类等十种类型，呈多样化发展态势。其中教文体娱类展览数量为 122 个，位居首位，占比 60.40%；制造类展览数量为 46 场，占比 22.78%；建筑和房地产类、农林牧渔矿类、租赁和商务服务类、居民服务、其他类分别占比 1.98%、4.95%、2.48%、1.98%、1.98%；展览数量较少的是卫生和社会工作类，信息、软件和科学技术服务类，住宿和餐饮类，共占比 3.47%。

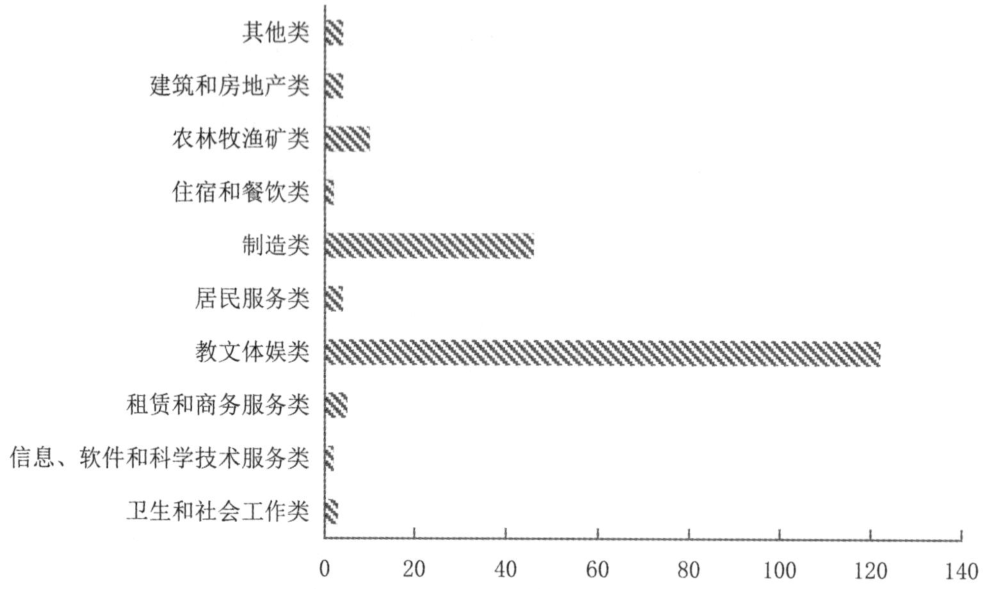

图 1-5　2020 年长沙市展览行业分布数量（单位：场）

2020 年各类展览数量缩水严重，但教文体娱类具有较好基础，仍是展会的中流砥柱。在时代的背景下，各区防疫题材和脱贫攻坚的展览应时而生，如在谢子龙影像艺术馆举办的“生命重于泰山”——战“疫”2020 湖南大型公益影像纪实作品展，在湖南省展览馆举办的长沙县湖南抗疫先锋纪实展、“彩韵湖南”——湖南水彩画家“脱贫攻坚”主题采风创作邀请展等。

5. 部分重点展览项目情况

（1）2020 湖南汽车展览会暨长沙首届汽车消费节

4 月 30 日至 5 月 5 日，2020 湖南汽车展览会暨长沙市首届汽车消费节在湖南国际会展中心举行。以“车市首展・点亮生活”为主题，由湖南日报社、长沙晚报社、湖南省汽车商会联合主办。

本届展览规模超过 6 万平方米，云集全球 20 多个国家的 600 多台展车，参展品牌 100 余个，展会成交额逾 52 亿元，创历届之最。

在展会组织、现场管理、过程监控等方面，引入新科技手段；无人驾驶、人工智能、虚拟现实应用到展览中与消费者互动；远红外线智能防疫机器人、360 度无死角监控系统、红外温度探测等系统对人员密集场合精准测量人群体温，保证安全。展览的“六必”防控经验，形成《展览活动与场馆防控操作指南》和《会议活动与酒店防控操作指南》，作为中国会展疫情防控基础蓝本向全国会展业界大力推广。国际展览联盟（UFI）官方杂志、英国知名杂志《展览世界》等中外主要媒体头版报道盛况，给予高度赞誉。

12 年磨砺前行、在不断创新发展中走来的湖南车展，已成为中国中部地区的一张闪亮名片，本次展览打响了全国乃至世界会展业复工复产的第一枪。

（2）2020 第 12 届中部（长沙）建材新产品招商暨全屋定制博览会

5 月 15 日至 17 日，2020 第 12 届中部（长沙）建材新产品招商暨全屋定制博览会在长沙国际会展中心举行，由湖南省商务厅对外经济促进中心、湖南省家具行业协会、湖南省室内装饰协会、长沙支点展览策划有限公司主办。

该项展会已连续举办 12 年，是国内第一个专业类和建材类大型展会。本届展会的展览面积达 8.1 万平方米，省内外 2100 多家参展企业、3100 多个品牌新产品亮相，参展观众达 18.6 万人次。展会分成全屋定制馆、门业门窗馆、家装软 / 体馆、厨房 / 卫浴 / 吊顶 / 机械设备馆等展馆，门类齐全，采购商可按图索骥到达展位进行参观接洽，设有开幕式、开幕式巡馆、湖南省家具行业协会 2020 年年会、家具 / 家居用品与装饰企业合作对接会、企业新产品发布暨招商会等十场同期活动，展览现场成交金额超过 100 亿元。

（3）第十八届（2020）中国畜牧业博览会暨 2020 中国国际畜牧业博览会

9 月 4 日至 6 日，第十八届（2020）中国畜牧业博览会暨 2020 中国国际畜牧业博览会在长沙国际会展中心举办，以“净化复产保供给、扶贫增效惠民生”为主题，由中国畜牧业协会主办。

本届展位数量超过上届近 8%，展位近 6500 个，展览面积近 14 万平方米，参展企业 1200 多家，特装率达 91% 以上，并且有美国、法国、荷兰、丹麦等国家展团及众多外企的国内代表参展。展会设有猪业展区、禽业展区、集团 / 大企业特装展区、动保展区、饲料综合 / 环保处理等几大展区；参展内容涵盖了国内外畜牧、饲料、畜牧行业生产资料、畜牧饲料机械及加工设备、现代化猪禽场设计等，还特设了助力湖北、湖南农牧高校毕业招聘展区。

作为政府、企业和社会之间的重要桥梁，十八年来，畜博会秉承着“创新、发展、合作、共赢”的理念，为行业发展和对外交流发挥了巨大的推动作用。

（4）2020第二十二届中国中部（湖南）农业博览会

10月30日至11月3日，2020第二十二届中国中部（湖南）农业博览会在长沙国际会展中心举行。以“办好中部农博会，助力脱贫奔小康”为主题，由农业农村部、湖南省人民政府主办。

本届展会设立八大展馆，总展览面积约11万平方米，吸引了含中部六省在内的20余个省、市、自治区的4000余家企业参展，参展种类达2.8万余种。展会共设立中部·省际馆、湖南主题馆、品牌茶业馆、品牌农机馆等八个主题展馆，同时设计了包括中国中部农业品牌推介会等在内的三大主体活动和六大特色活动，并同步推出线上农博会，开创一站式网上办展新模式，将网上展示、宣传推介、产销对接等融为一体，实现线上线下展览展示深度融合和全方位互动，打造“中部农博会”开放共享平台。

中国中部（湖南）农业博览会是中国农业农村部确定为唯一准许以“中国中部”冠名和作为主办方的四星级农业品牌展会（综合展），是在全国农业领域极具影响力和美誉度的大型农业品牌盛会，是湖南首家通过全球展览业协会（UFI）认证的农业类博览会。

（5）2020中国（湖南）国际绿色发展博览会

9月24日至26日，2020中国（湖南）国际绿色发展博览会在湖南国际会展中心举办。以“绿色•循环•发展”为主题，由湖南省贸促会、湖南省工信厅、湖南省生态环境厅、长沙市人民政府、中国物资再生协会共同主办。

本届展览面积2.2万平方米，共设置“循环经济、环保产业、绿色制造、新能源”四大主题展区，涵盖多个绿色产业，给参展商和买家提供了绿色产业交流平台，同期还举办了“绿色发展——海绵城市建设论坛”，循环经济和节能典型案例、循环经济科技奖发布仪式，湖南省推进绿色制造体系建设交流对接会，中国再制造产业发展论坛，中国再生资源产业发展暨园区建设论坛等活动。展会充分利用互联网、大数据、云计算等现代信息技术，将参展商、采购商搬到线上，并同步直播或录播绿博会线下展的所有活动，实现全媒体全程线下线上立体展播，为疫情防控常态化期间的中高危地区观众的在线观展提供了便利，打造了一个突破时间和空间限制的全新的数字会展。

该博览会创办于 2019 年，本届绿博会更名为“中国（湖南）国际绿色发展博览会”，从一个区域性的展会向全球性的展会迈进了一步，将绿博会打造成湖南与世界交流合作的名片。

（6）2020 中国国际食品餐饮博览会

9 月 18 日至 20 日，2020 中国国际食品餐饮博览会在长沙国际会展中心举办。以“守望相助 共赢‘食’机”为主题，由商务部、湖南省人民政府共同主办。

本届展览总面积约 10 万平方米，设国际标准展位约 4500 个，共 7 个展馆，由专业板块、综合板块及活动板块 3 大板块组成。三天展会期间，共吸引了全国 31 个省区市以及 16 个国家和地区的 2000 余家企业参展、近万家企业采购。展会立足于湖南优势食品餐饮产业资源，重点打造咖啡、食材、餐饮、粮油、陶瓷、连锁加盟等专业展区及进口综合展区，集中展示国内外食品和餐饮行业的特色产品、产业优势及发展趋势。作为中部地区最具规模的专业展之一，食餐会已经逐步发展为食品、流通、餐饮行业管理的工作平台，食品餐饮企业的服务平台，食品餐饮行业发展趋势和政策的发布平台，先进技术、优质商品以及新型商业模式的展示平台，食品餐饮传统产业转型升级的促进平台。

作为商务部主办的内贸流通领域的重点展会，2016 年中国食品餐饮会落户湖南并于 2018 年成功升格为中国国际食品餐饮博览会，每年一届，食餐会始终坚持专业化、国际化、品牌化、信息化、市场化发展方向，精心培育具有商务特色、文化底蕴、国际标准、创新发展的国家级食品和餐饮行业一流展会，推动我国食品餐饮行业的供给侧结构性改革，成为食餐行业内贸流通领域第一展。

（二）会议情况

会议作为会展业的重要组成部分，在加强城市基础设施建设、提升科学技术水平、引领经济发展等方面所起作用不容忽视。总体来说，2020 年长沙市会议的举办情况具有如下特点：

1. 会议数量降幅大，国际会议占比小

据统计，2020 年长沙市共举办大型会议 82 场，较 2019 年减少 111 场，同比下降 57.51%。其中，省级会议和市级及以下的会议举办数量为 32 场和 12 场，分别占会议总数的 39.02%、14.63%；国家级会议举办场次为全年最多，共计 33 场，占比 40.24%。受疫情影响最大的是国际会议，2020 年长沙市共举办 5 场国际会议，仅占会议举办总量的 6.11%。

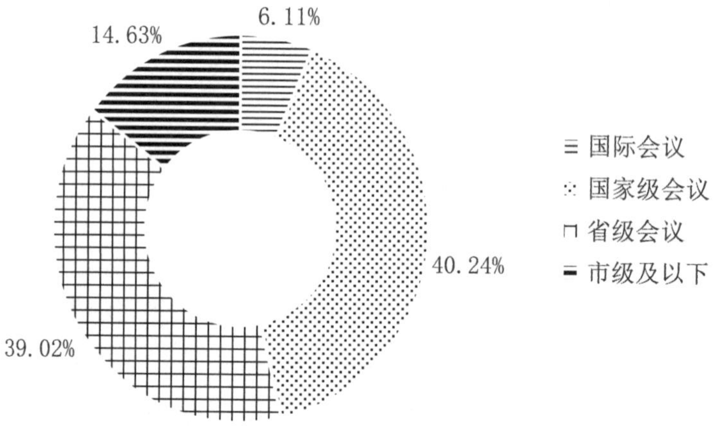

图 1-6　2020 年长沙市会议各级别占比情况

2. 疫情防控显成效，季度增长阶梯化

2020 年 1 月底疫情暴发至 5 月初，多数会议项目取消、延后或转至线上，第一季度和第二季度受其影响最大，会议举办数量分别为 4 场和 6 场，二者之和占全年的比例仅为 12.20%。

下半年会议市场逐渐回暖，会议项目集中回归。第三季度共举办会议 23 场，占全年会议总量的 28.05%，季度环比增长了近 4 倍。第四季度会议举办数量为全年之最，共计 49 场，占 2020 年会议总数的 59.76%；从图 1–7 看，四个季度的会议举办数量呈阶梯化递增，彰显长沙市疫情防控的成效。

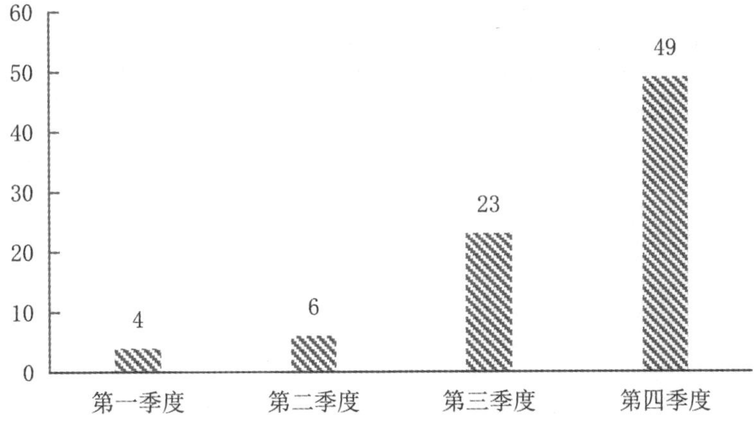

图 1-7　2020 年长沙市会议数量季度比较（单位：场）

3. 会议分布不均衡，卫生行业居首位

疫情对不同行业的会议项目影响也不尽相同。2020 年，卫生和社会工作类、教文体娱类、租赁和商务服务类的会议项目受疫情影响较为严重，减少的会议数量均超过 10 场。相比较而言，信息、软件和科学技术服务类会议的占比在 2020 年有所提升。此外，防疫题材的会议也应时而生，带动了以“安全”为主题的会议发展。

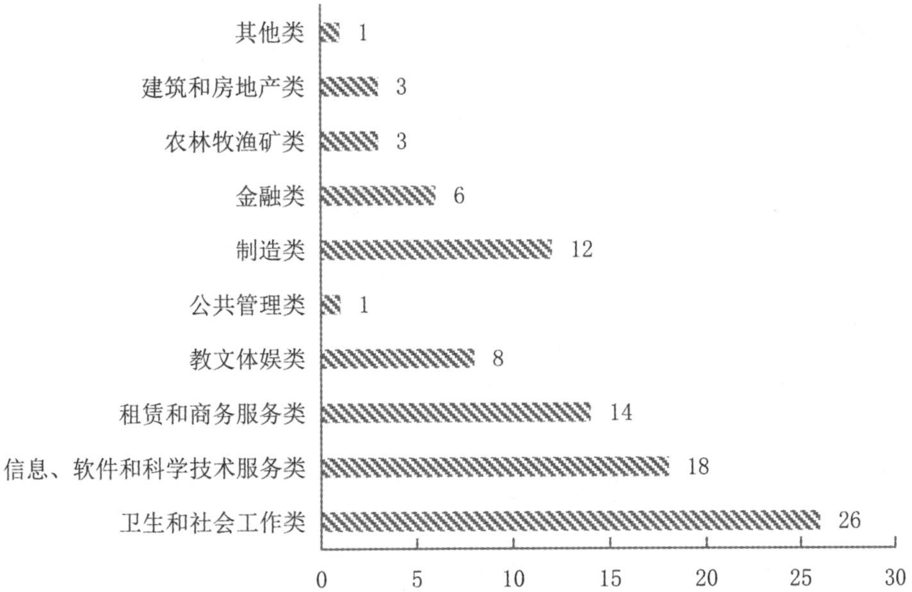

图 1-8　2020 年长沙市会议行业分类数量（单位：场）

2020 年，卫生和社会工作类会议举办数量位居首位，共计 26 场，占会议总数的 31.71%；其次是信息、软件和科学技术服务类会议，共计 18 场，占会议总数的 21.95%；租赁和商务服务类和制造类会议数量紧跟其后，分别占比为 17.07% 和 14.63%；会议数量分布较少的是公共管理类及其他行业。

4. 长沙重点会议活动情况

（1）2020 互联网岳麓峰会

9 月 7 日至 9 月 9 日，2020 互联网岳麓峰会在湖南长沙成功举行。以“数字新经济，云开看未来”为主题，探讨移动互联网行业发展趋势以及新形势下数字经济的发展路径。本届峰会由湖南省委网信办、湖南省工信厅、湖南湘江新区和中国网络社会组织联合会主办。

峰会囊括主论坛和 7 个分论坛，并同步设有网上峰会及相关生态活动，聚焦投融资体系建设和鲲鹏计算生态、智能网联发展趋势、前沿技术、软件产业再出发，同时突出疫情下的数字经济创新发展，力争汇聚最新理念、创想合作未来。在主论坛“岳麓论坛”上，来自互联网行业、投资界、学术界的专家大咖发表了主旨演讲，聚焦数字新经济、数字经济与企业数字化转型、新基建赋能千百行、车联网助力智慧交通等主题。阿里云、腾讯云、百度云、华为云、金山云等企业负责人参加了随后进行的圆桌论坛。

从 2014 年到 2020 年，岳麓峰会不断迭代升级，规模不断扩大。话题从 O2O、AR、移动生活、共享经济、人工智能到数字新经济，观点越来越新，主题越来越潮；出席嘉宾从湘籍扩大到全国乃至全球移动互联网大咖，开放度越来越高，影响越来越广。

（2）2020 中国城市夜间经济发展峰会[①]

10 月 28 日，2020 中国城市夜间经济发展峰会（China City Night-Economy Development Forum，简称 CNEF）在湖南长沙举办。本届峰会围绕“新消费”“数字经济”“经济双循环”“智慧街区助力夜经济发展”“品牌营销升级”等热点议题展开，

[①] 数据来源：长沙市人民政府官网。

由中国商业联合会、湖南省商务厅、长沙市人民政府主办。

峰会召集具有代表性的文和友、茶颜悦色、元气森林、美团、阿里本地生活、盒马鲜生、苏宁易购、陈列共和、The Box 品牌事务所、虎嗅网等新消费领域大咖，共同探讨新消费品牌发展趋势，追问新消费的流量与增长逻辑，破解新消费的内容营销之道，赋能新消费行业生态发展。来自石家庄、南京、杭州、福州、武汉、广州、重庆、成都、西安 9 个兄弟城市代表团，以及零售行业、餐饮行业、电商行业、旅游行业、美容行业等 18 个行业企业代表、夜经济知名专家学者等共一千余人参会。

这是湖南首次举办夜经济全国性大型会议，本届峰会旨在提升夜间消费载体、丰富夜间消费业态，扩大消费、繁荣市场，促进夜间经济创新、绿色、快速发展。力争用三年时间打造成为夜间经济相关的政策与理论研究平台、新消费创新发展平台、企业与政府交流平台、品牌价值展示平台和夜间经济发展促进服务平台。

（3）2020 世界计算机大会

11 月 13 日至 15 日，2020 世界计算机大会在长沙梅溪湖国际文化艺术中心举办。本届大会以“计算万物 • 湘约未来——计算产业新动能”为主题，由湖南省人民政府、工业和信息化部共同主办。十七位中外院士、数十位专家学者及企业家分享了真知灼见，六百多位产业界精英、一百多家媒体代表，共八百名嘉宾现场参会，数百万名在线观众共同参与本次大会。

除主论坛外，大会还安排了“创新创造与生态构建”“计算芯片与平台能力”“网络安全与可信计算”“工业互联与制造生态”“5G 视界与应用生态”五场专题论坛，“先进计算与跨界赋能”“未来计算与产业变革”两场名家讲堂，以及技术应用与产业生态对接会、创新技术和产品应用成果展示等活动。现场设 1000 平方米展示区，全面展示计算机及应用领域优秀创新技术与应用成果。大会旨在展示行业发展的新技术、新产品、新应用，携手应对疫情带来的全球挑战，对加快我国先进计算产业生态建设，赋能新兴产业发展及传统产业转型升级具有重要意义。

（4）2020（长沙）国际稻作发展论坛

10 月 16 日至 18 日，2020（长沙）国际稻作发展论坛在长沙国际会展中心成功举行。本届论坛以“加强交流合作，确保粮食安全”为主题，由长沙市人民政府、湖南省农科院、湖南农业大学、国家杂交水稻工程技术研究中心、国际稻作发展论坛理事会、湖南省袁隆平农业科技奖励基金会、湖南省作物学会、湖南省农学会主办。

国际稻作发展论坛由杂交水稻之父袁隆平院士担任论坛主席，是长沙市目前唯一拥有自有 IP 的国际论坛，至今已连续成功举办两届，受到了国内外的广泛关注和高度赞誉，凸显了长沙的科技实力和“国际稻都”名片效应。本届国际稻作发展论坛以学术交流、文化宣传为主要内容，通过田间展示、专家论坛、稻米品鉴、科普体验、传媒推介等方式，展示我国稻作产业科研技术及发展新成果，促进水稻良种、良法、良具、良品全产业链交叉融合发展。在论坛举办期间，论坛组委会还组织与会领导及专家参观论坛基地（长沙市长沙县路口镇明月村国际稻作发展论坛示范基地），了解交流世界各国水稻新品种、新技术。

论坛现场大咖云集，邀请了包括中国科学院院士钱前、世界粮食奖励基金会 Kenneth Quinn 等国内外院士专家在内的 800 余位专家、学者和知名企业代表出席。

（5）2020 湖南智慧文旅发展论坛

12 月 11 日，2020 湖南智慧文旅发展论坛在长沙举行。本次发展论坛以“5G 赋能新文旅，开创数字新未来”为主题，由湖南省文化和旅游厅主办。

本次论坛围绕文旅融合发展，对智慧产品、智慧设施、智慧装备的信息技术应用进行了展示，为文旅管理部门、景区、文博场馆提供整体解决方案。同时还邀请了多名文旅行业专家、文旅企业代表发表主题演讲，分享各自在智慧文旅建设发展中的经验，并以“新基建、新文旅、新未来”为主题开展了圆桌讨论，研究探讨“文化＋旅游＋科技”融合发展的有效路径。随着人工智能、大数据、5G 等现代信息技术的发展，数字技术成为产业融合创新的新动力。此次论坛的举办体现出湖南省文化和旅游厅为贯彻落实党中央、国务院决策部署，实施文化产业数字化战略，推动数字文化产业高质量发展所做出的努力。

论坛上，湖南省文化和旅游厅向湖南联通授牌“湖南省文旅融合大数据基地”；同时，湖南省内部分市州文旅局及重点景区与各市州联通签署了战略合作协议，依托本地化服务助力具体应用的落地和各市州县数字文旅发展。

（6）2020 长沙网络安全·智能制造大会

11 月 28 日上午，2020 长沙网络安全·智能制造大会在长沙国际会展中心召开。本届大会以“创新引领 智造未来”为主题，由中共湖南省委网络安全和信息化委员会办公室、湖南省工业和信息化厅、湖南省通信管理局、湖南省科学技术协会、长沙市人民政府、中国电子信息产业集团有限公司共同主办。

本届网络安全·智能制造大会以“全球视野、中国方案、湖南实践、长沙模式”为主线，旨在全面贯彻党的十九届五中全会精神以及习近平总书记考察湖南重要讲话精神，共同分享网络安全和智能制造新技术、新产品和新应用，全面展示网络安全和智能制造新动态、新成果和新经验，努力践行网络强国和制造强国发展战略。大会为期 3 天，涵盖开幕峰会、高峰论坛、主题论坛、展览展示、专项活动五个主要内容。

此次大会共有包括国家部委及省市领导在内的 600 多位嘉宾出席，有约 500 家企业参会，发布新产品、新技术 300 余项。会上中电互联、蓝天智能、开元仪器、碳谷新材料等企业就网络安全和智能制造项目进行了 20 多场集中签约，签约总金额超百亿元。

（三）节事活动情况

节事活动是具有独特魅力的经济文化活动，不仅塑造城市的品牌，而且还丰富人民精神生活。总体来说，2020 年长沙的节事活动呈现以下特点：

1. 数量减少较明显，复苏步伐渐坚定

据统计，2020 年长沙市共举办节事活动 85 场，较 2019 年减少 49 场，同比减少了 36.57%。在疫情形势下，政府出台一系列的政策，加强对节事活动的扶持，从上半年举办的 14 场，到下半年举办 71 场，数量迅速提升，而且首届举办节事活动 48 场，占 56.47%，反映出节事活动市场稳定复苏。

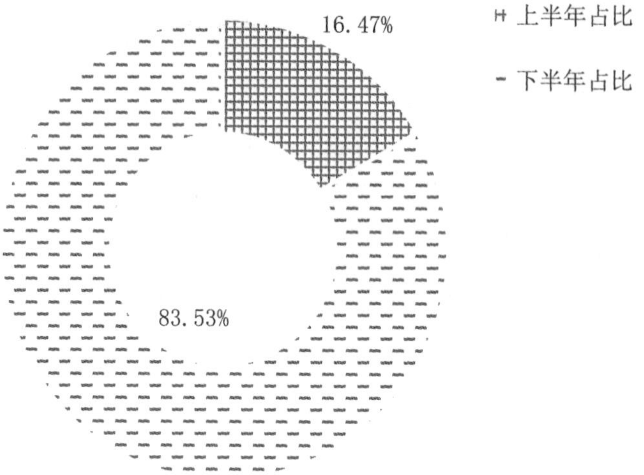

图 1-9　2020 年长沙市节事活动数量上半年和下半年占比情况（单位：场）

2. 分布呈现递增长，主题季节性鲜明

从节事活动举办的时间上看，2020 年第一季度举办 5 场，占比 5.88%，同比减少 86.11%；第二季度开始复苏，举办 9 场，占比 10.59%，同比减少 79.55%；第三季度持续上升，举办 31 场，占比 36.47%，同比增加了 6.90%；第四季度数量达到顶峰，举办 40 场，占比 47.06%，同比增加了 60.00%。

乡村振兴战略的实施，促使各地深度挖掘当地物产、旅游两大特色，通过举办节事活动，提高知名度，带动当地经济发展。各地以植物、水果、地方物产为主题的节事活动较多，主题季节性鲜明。例如，第二季度的第十二届长沙（浏阳）大围山国际杜鹃花节、2020 湖南世界名花生态文化节；第三季度的 2020 年第十一届大围山水果节、2020 湖南宁乡炭河古城辣椒节；第四季度的“花好月圆 相约灰汤”2020 灰汤温泉民谣音乐节等。

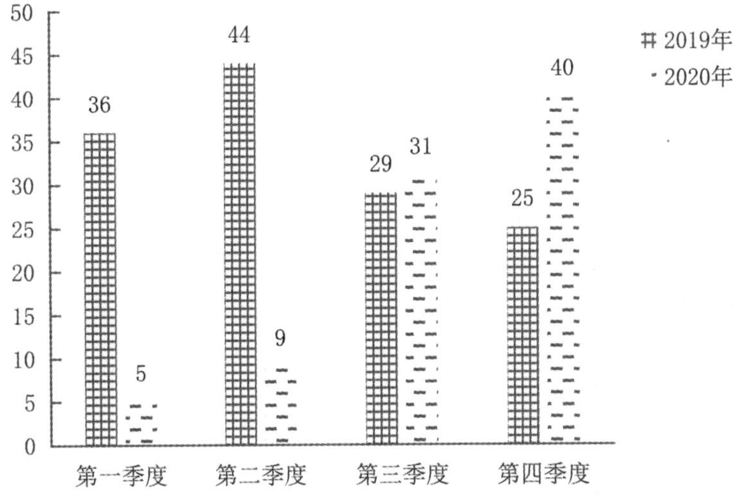

图 1-10　2019—2020 年长沙市节事活动数量季度分布（单位：场）

3. 类别趋向多元化，历史文化占比多

据统计，2020 年长沙市举办 85 场节事活动，涉及八个类别，主题越来越丰富，呈多元化发展，其中历史文化类 23 场，占比 27.06%，位居首位，其次是综合类 21 场，占比 24.71%，娱乐游憩类 13 场，占比 15.29%，物产餐饮类 12 场，占比 14.12%，运动休闲类、民俗风情类、自然景观类相对较少，各占比 7.06%、7.06%、3.53%，博览节事活动类占比最低，为 1.17%。

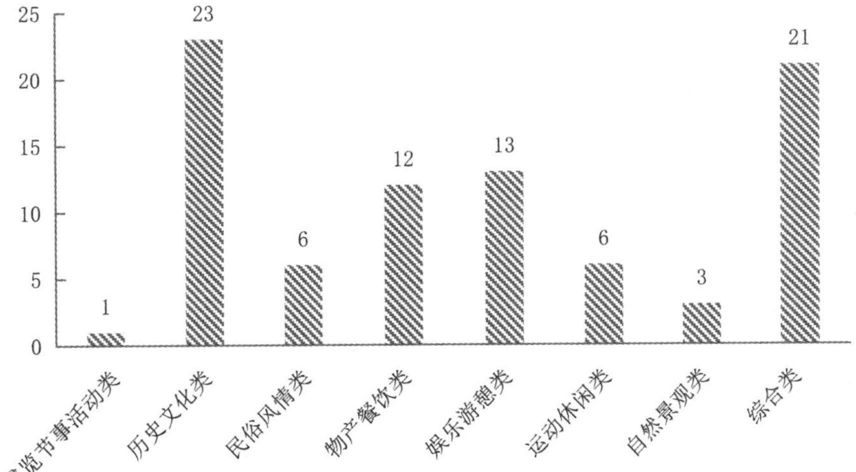

图 1-11　2020 年长沙市节事活动类别分布数量（单位：场）

2020年各地举办的节事活动都呈现多样化发展趋势。物产餐饮类节事活动的延续性较好，已经形成品牌，如2020年长沙（浏阳）大围山杜鹃花节、2020中国农民丰收节（长沙）暨第二届长沙农民大学生创新创业节；紧抓湖南省文化和旅游资源，大力发展文娱、旅游类节事活动，如草莓音乐节、2020雅砻文化旅游节；还有以助力脱贫增收，增强文化旅游吸引力和知名度类的节事活动，如2020年湖南省（春季）乡村文化旅游节开幕式暨文旅促消费助脱贫行动、湖南浏阳·淳口（枫林湖）首届“消费扶贫社群节”，通过活动推销农产品，促进脱贫步伐。

4. 部分重点节事活动情况

（1）2020中国森林旅游节第十二届中国（浏阳）大围山国际杜鹃花节

4月20日至5月20日，2020中国森林旅游节第十二届中国（浏阳）大围山国际杜鹃花节在浏阳市大围山国家森林公园举行。以“最是一年春好处，万亩杜鹃映山红”为主题，由长沙市人民政府主办。

本次节事活动融合“旅游休闲、户外文娱、烟火燃放”三个特色，形成“旅游+音乐”“旅游+汉服”“旅游+烟花”森林旅游品牌，有力提振旅游消费，助推旅游市场恢复，助力浏阳“三间经济”发展。同期举办了将现代乐队表演与民乐演奏在杜鹃花海上呈现的花海音乐节和将汉服风与风景区自然风光相融合的汉服秀活动。在打造景区活动亮点的同时倡导了文化自信、民族自信。将烟花引进景区，实现了焰火工艺文化与自然景观融合。

杜鹃花节作为浏阳“十大主题活动”之一，创办于2009年，每年一届，旨在唤起广大民众热爱长沙、关爱自然、关注大围山、弘扬杜鹃花所象征的湖湘本土文化，打造长沙特色旅游文化品牌。

（2）湖南省第九届网络文化节暨2020青春芒果节

7月31日至8月9日，湖南省第九届网络文化节暨2020青春芒果节在湖南国际会展中心芒果馆开幕。以“青春榜样，乘风破浪”为主题，由芒果超媒、芒果TV主办。

本届网络文化节将青年文化与经济社会发展有机融合，除2020青春芒果节外，还包括“湖湘好网民”2020年度新风大典、2020年“决战决胜全面小康·精准脱贫在三湘”主题活动、“领读中国 看见未来”2020 湖南省网络阅读节、点亮中国夜经济版图湖南站暨寻湖湘记等七大子活动。

“2020 青春芒果节”作为湖南省第九届网络文化节的核心活动，创新性地加入了城市文化活动，发起了全长沙热门地标打卡活动、八场“乘风破浪姐姐快闪活动”等，在塑造青年文化符号的同时，以“文化 + 城市”“文化 + 旅游”的形式，促进媒体与城市融合，为长沙再添城市文化名片。湖南省网络文化节创办于 2012 年，每年一届，自开办以来，已经成为具有鲜明湖湘特色的网络文化品牌；青春芒果节创办于 2018 年，每年一届，形式多样、内容多元，注重文化传递，实现平台与用户的双向互动。

（3）第十三届中国金鹰电视艺术节

10 月 16 日至 18 日，中国金鹰电视艺术节在湖南国际会展中心隆重举行。以“金鹰三十 • 迎风而砺”为主题，由中国文学艺术界联合会、湖南省人民政府、中国电视艺术家协会、湖南省广播电视局主办。

本次中国金鹰电视艺术节由开幕式暨文艺晚会、金鹰论坛、颁奖晚会、提名荣誉颁授典礼、大型史诗歌舞剧《大地颂歌》、芒果“季风计划”等八大活动构成，舞台采用沉浸式舞美，使用 VR、MR 等科技手段，打造了一场华美视觉盛宴，共同回顾金鹰奖举办 30 届以来中国电视的发展历程和光辉成就。

中国金鹰电视艺术节自 2000 年落户长沙以来，历经 20 年辉煌发展，以中国电视金鹰奖的评选颁奖为主要活动内容，是唯一以观众投票为主选方式产生的全国性电视艺术综合大奖，也是中国第一个以国产电视艺术作品作为评奖和交流对象的电视艺术节庆活动。

（4）第四届水渡河国际艺术节

2020 年 11 月 27 日至 2021 年 1 月 25 日，第四届水渡河国际艺术节在长沙师范学院举行。以岩彩绘画为主题，由长沙师范学院和上海大学上海美术学院联合主办。

本届艺术节涵盖了架上与装置领域，分三个展厅集中展示国内外知名岩彩艺术家的 200 余幅岩彩画艺术作品。通过中国岩彩绘画的独特视角，为观众呈现一条业已形成并持续发展的中国文脉传承与当代艺术的创新之路，阐释“丝绸之路”的历史意义以及“岩彩语言”的当代价值，为中国本土留下新时代的视觉图像和丰硕的精神印迹。

水渡河国际艺术节创办于 2017 年，每年一届，自开办以来，水渡河国际艺术节逐渐搭建成了一个将艺术展览、艺术创作、艺术教育联结成一体的艺术交流平台，逐渐成为网红长沙一个颇有知名度的当代艺术活动品牌。

（5）2020 第九届 GCC 长沙吉他艺术节

10 月 3 日至 7 日，第九届 GCC 长沙吉他艺术节开幕式暨各音乐学院音乐会在长沙音乐厅隆重上演。本届艺术节以“吉他 • 群音汇长沙”为主题。由长沙市委宣传部、长沙市文化旅游广电局、长沙市广播电视台（集团）、长沙市文学艺术界联合会联合主办。

以吉他之名“湘”聚，联动国内著名音乐学院，通过吉他艺术凝魂聚力，用跳动的音符和旋律传递城市梦想，呈现一场民族与世界对话、传统与现代交融、经典与潮流碰撞的视听盛宴，让世界聆听长沙的声音。吉他艺术节共设置三个大环节：10 场线下音乐会、网络国际演奏比赛及国际作曲比赛。

GCC 长沙吉他艺术节于 2012 年创办，至今已成功举办 8 届。旨在通过吉他演奏赛、吉他作曲赛、音乐会、大师班、学术研讨、展会等形式，为全球的音乐艺术家与音乐爱好者提供一个互动友好的交流平台。

（6）2020 年长沙第八届阳光娱乐节

12 月 31 日，长沙第八届阳光娱乐节在长沙拉开序幕。由湖南省文化和旅游厅、长沙市人民政府指导，长沙市委宣传部、市文旅广电局、市公安局、市市场监管局、市文化市场综合执法局等单位联合主办。

第八届长沙阳光娱乐节活动主动响应国家文旅部、省文旅厅和市委、市政府阳光娱乐新要求，推介了文旅消费新产品，成立了文旅消费联盟、推出了文旅惠民新政策，组织了近千家企业参与，本届阳光娱乐节包含第八届阳光娱乐节启动仪式、“文旅联盟惠万家”长沙市文化旅游联盟秋冬消费季、“镜像文旅 • 大美长沙”第八届阳光娱乐节摄影大赛暨“大美长沙”图片展、长沙文化旅游市场转型升级创新发展研讨会暨第八届阳光娱乐节闭幕式等主题活动，推介了文旅消费新产品，成立了文旅消费联盟、推出了文旅惠民新政策，进一步搅动市场参与，提升市场活力，促进文化旅游领域经济发展，树立全市文旅产业健康文明形象，共同应对后疫情时代长沙文旅行业的新机遇、新挑战。活动举办期间，将文化情怀与旅游魅力紧密融合，引爆了岁末文旅消费。长沙市共接待旅游者约3500万人次，旅游总收入约350亿元，促进文化旅游领域经济发展，树立全市文旅产业健康文明形象，取得很好的城市宣传效果和经济社会效益，有力地助推了长沙文化旅游市场转型升级和高质量发展。

长沙阳光娱乐节从2013年开始，已经连续八年举办，旨在进一步激发文化旅游市场内生动力，扩大文化旅游消费，提升城市经济活力、消费吸引力和城市美誉度，展示了长沙形象，体现了省会担当。

（四）赛事项目情况

赛事是指由两个以上个体或集体所组成的特定集体，在一定时间内以特定内容为竞赛主题，并提供相关服务内容的社会活动。也指有组织的，遵守相同规则，以竞技的形式进行较量的相关形式。赛事的举办需要进行周密的组织，主办方要制定具备公平性、公正性、公开性的比赛规则，对赛事的评判要具有权威性、合理性、合法性。

1. 赛事数量降幅大，影响力有待提升

据不完全统计2020年长沙市共举办大型赛事活动24场，比去年减少了47场，同比下降66.20%。与以往赛事数量逐年增长不同，2020年赛事数量下降明显，赛事级别与规格也有所降低。依据长沙赛事举办方，赛事依次划分为国际级、国家级、省级、市级及以下四个级别。

2020年长沙赛事中国际级赛事2场，占比8.33%，分别是2020国际篮联三人篮球亚洲杯、2020（中国·长沙）WBC洲际拳王争霸赛；国家级3场，占比12.50%，分别是2020全国全民体能大赛、2020年中国广场舞公开赛、2020“薪火传承·中国健康跑”；省级16场，占比66.67%，如湖南米粉大擂台、2020年湖南省青少年举重大赛、2020年湖南省“玉潭中学”杯青少年中国式摔跤锦标赛、2020年湖南省职业院校教师职业能力竞赛专业技能比赛、湖南省直机关气排球赛、“TK”垂直马拉松、2020年湖南省旅游饭店业职业技能竞赛、“健康湖南”公园健步走活动、湖南省首届中医药科普大赛、湖南省第二届社区趣味运动会等；市级及以下赛事3场，占比12.50%，如长沙地铁马拉松、夜星沙摄影大赛、2020长沙红色半程马拉松赛等。具有国际影响力的国际级赛事较少，知名度较高的国家级赛事活动也不多。

随着长沙经济的愈发强劲、长沙影响力的不断增强，以及长沙赛事宣传媒体、自媒体力量的进一步强化，长沙赛事活动的成长发展将迎来新局面，借力有特点有影响力的国际级赛事和国家级赛事举办，拉动省市级赛事增长，共同提升长沙城市软实力。

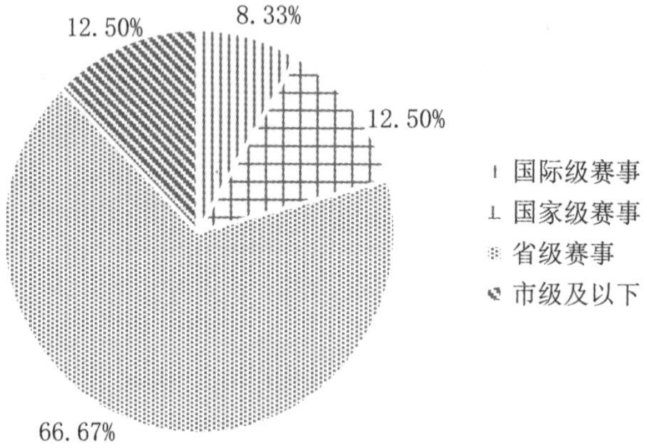

图 1-12　2020 年长沙市重大赛事活动级别分布

2. 赛事时间集中化，三四季度渐回暖

按照长沙赛事统计数据，赛事主要集中分布在第四季度共 17 场，占全年总数的 70.83%，第一、二季度数量最少，分别仅 1 场；第三季度赛事数量缓慢回升到 5 场。由此可见赛事时间分布非常集中。第四季度赛事举办频次高，一方面与赛事项目淡旺季有关，第一季度年终岁首，是赛事项目的常规淡季，赛事相对较少；另一方面，与疫情冲击有关，第二季度项目数量持续低迷，相较于往年下降了 94.74%，第三季度略有回升，但相较往年也下降了 70.59%，赛事项目市场仍处于观望状态。

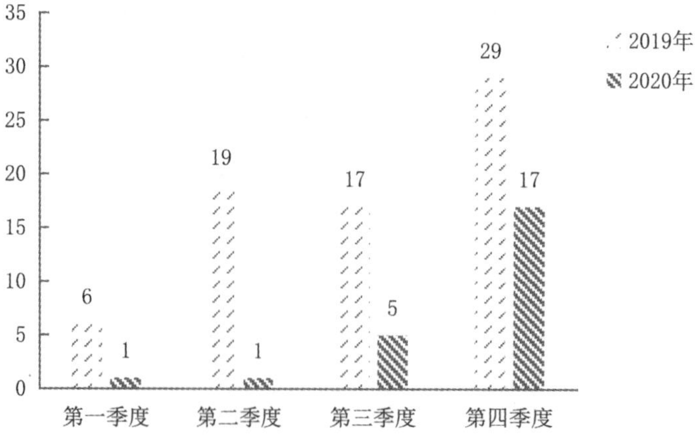

图 1-13　2019-2020 年长沙市赛事活动数量季度分布

3. 赛事类别较单一，体育赛事占主导

根据赛事举办内容，依次划为四个类别，分别是：体育类、文化艺术类、教育类和其他类。据分类统计数据显示，2020 年长沙市举办的赛事活动数量最多的类别是体育类，共计 18 场，占总数的 75%，教育类 2 场，文化艺术类 2 场，其他类 2 场，共占比 25%。体育类赛事以压倒性优势占据全年赛事类型首位。由此可见，长沙市的体育事业发展水平较高，人民群众参与度高，形成了良性循环，进一步激发了长沙体育事业的活力与生机。但其他行业的赛事活动不多，且教育类和文化艺术类相较往年也下降明显。

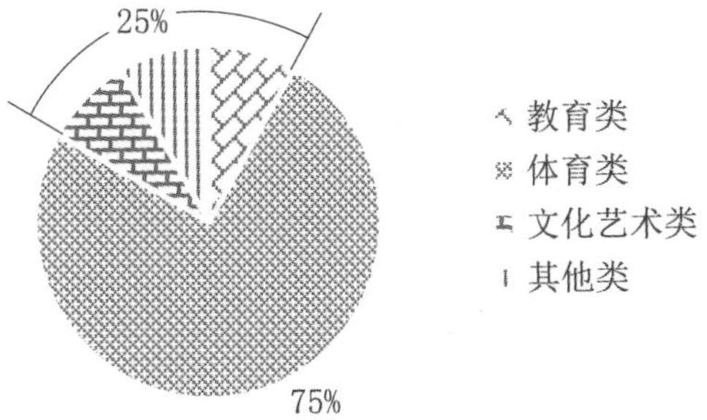

图 1-14　2020 年长沙市重大赛事活动类别分布

4. 长沙重点赛事活动情况

（1）2020 全国全民体能大赛

11 月 22 日，2020 全国全民体能大赛城市赛长沙站开赛，赛事吸引了 200 余位体能爱好者参与。大赛以“推动全民科学健身，综合提升国民体能”为目标，设男子个人、女子个人和团体赛三个组别，遵循体能运动特点，分计时赛、计数赛等多种形式。每名选手需要进行两个由多个动作组成的大项，比赛采用积分的方式决出冠军，对选手的体能考验更大。

全国全民体能大赛由国家体育总局社会体育指导中心主办，已纳入全国健身系列赛事，是国家体育总局社会体育指导中心唯一授权的国家级全民体能健身系列赛事，是国内目前赛事规格最高、参与人数最多、传播范围最广的体能类赛事，为体能健身爱好者提供展示自我和交流平台，激发民众爱上体能训练，乐在体能训练，并受益于体能训练。赛事以竞技比赛为手段，激励和促进参赛选手日常的体能锻炼，引导大众广泛关注体能训练和科学健身常识，从而助力全面提升中国国民体质。

（2）WBC 洲际拳王争霸赛长沙开赛

8 月 23 日，2020（中国 • 长沙）WBC 亚洲机构洲际拳王争霸赛在长沙市阳光 100 凤凰街举行。本场赛事为世界拳击理事会（WBC）亚洲机构洲际头衔赛，由世界拳击理事会（WBC）亚洲机构、长沙市拳击协会主办，湖南超力体育承办。比赛台裁由来自中国的杨慧俊担当，三位边裁分别为：孔翎、程佳、王珏；本次 WBC 亚洲机构头衔赛赛事监督为 WBC 亚洲区执委 Aku Zhang。

全民健身作为国家战略，是人民群众身心健康、生活幸福的重要保障，是社会文明进步的重要标志，是全面建成小康社会的重要基础。引进和组织本次赛事，旨在提升拳击运动的社会影响力，让更多人关注拳击，让更多人参与拳击，让更多人爱上拳击。通过高水准的赛事达成推广和普及拳击文化的目的，助推全民健身。

（3）2020“薪火传承 • 中国健康跑”

12 月 12 日上午，2020“薪火传承 • 中国健康跑”浏阳站暨第六届浏阳市冬季马路赛跑在湖南省浏阳市社港镇火热开跑。此站赛事也是 2020“薪火传承 • 中国健康跑”的全国第九站比赛。此站赛事，由国家体育总局社会体育指导中心指导，湖南省体育局主办，长沙市体育局、浏阳市人民政府承办。

此站赛事设置了 12.26 公里经典跑项目，赛事起点设在社港镇石牛寨风景区，终点则位于周洛大峡谷风景区，来自全省的跑步达人们在此欢聚一堂，尽情饱览素有“江南小华山”美誉的浏阳石牛寨景区和周洛大峡谷景区的冬季美景，用奔跑的方式向革命热土浏阳献上崇高敬意。

此站赛事在国内疫情进入常态化防控阶段之后展开，组委会做好了充分的防疫安全措施，所有到场人员在进入活动现场前均进行健康码登记、体温检测、消毒等程序，并在现场设置有医疗点，随时为参赛选手提供医疗及救护措施，如遇突发意外，能够迅速处置，为活动的开展做好了充分保障。

（4）第一届湖南米粉大擂台

4 月 14 日至 23 日，第一届湖南米粉大擂台在长沙市九所宾馆开展。本次活动由省委办公厅接待服务中心主办，湖南 14 个市州特色米粉齐聚一堂，每天早上 7 点至晚上 7 点半，14 个市州的特色米粉无限量供应。

“湖南米粉大擂台”分为“汇味”“寻味”“品味”“回味”等阶段。“汇味”阶段，各市州甄选特色米粉参赛；“寻味”阶段，全省线上线下立体推介湖南米粉品牌；“品味”阶段，通过综合评比，评选出“最具人气米粉”“最具特色米粉”等 14 个奖项。在“回味”阶段，“嗦粉 • 说粉”米粉餐饮文化座谈会暨颁奖晚会成功举行。

为期 11 天擂台比拼，近 10 万名食客参加品尝，现场销售各类米粉近 2 万公斤，总额逾 100 万元，各类订单和采购金额逾 100 万元。此次活动旨在深入挖掘湖南米粉的历史积淀、文化传承、特色优势和生动故事等，向全国推广湖南米粉及品牌，激活省内消费市场，推动餐饮行业回暖，促进我省全面恢复正常生活秩序。

（5）2020“幸福湖南”城市定向挑战赛

12 月 12 日，由湖南省体育局主办的 2020“幸福湖南”城市定向挑战赛在长沙市滨江文化园开赛。来自社会各界近两千人体验了本次比赛，参赛者以不同性别的 5 人或 3 人组成团队进行比拼，涵盖了不同年龄阶段的参赛选手。

此次比赛集体育运动、人文公益、趣味游戏、城市畅游、亲子互动为一体，共设置“小鬼当家”“楚云湘雨”“辣么韵味”“快乐长沙”四条主题线路，各路线途中设 6 至 8 个城市特色主题打卡点，涵盖了长沙的历史文化、城市地标、娱乐美食等元素，如贾谊故居、岳麓书院、贺龙体育馆、橘子洲头、国金中心等耳熟能详的地标建筑，也有长沙市禁毒委员会办公室、长沙市开福区潮宗街消防救援站等互动性强的人文打卡点，参与者可以边做任务，边学习消防和禁毒的人文知识。

此次活动旨在鼓励全民积极参与健身活动，通过创新组织形式，满足大众日益增长的体育文化需求，以赛事作为展示城市形象的窗口，展现城市体育文化大发展，提高了市民城市的归属感和认同感，对推动全民健身发展具有重要意义。

（6）2020 长沙红色半程马拉松赛

12 月 26 日上午，长沙农商银行 • 2020 长沙红色半程马拉松赛在橘子洲鸣枪开跑，共计 4500 余名跑者参与了本次赛事。上午 9 点 9 分，身着红色参赛服的选手涌向赛道，犹如喷涌而出的红色火焰，以燎原之势奔发向前。这个特殊年份，太多事情猛然按下了暂停键。如今赛道上跃动的每一个身影，都彰显着长沙人民的活力和这座城市独有的魅力。

本届赛事由长沙市体育局、长沙市岳麓区人民政府、长沙市岳麓山风景名胜区管理局、湖南省上市公司协会主办。经过激烈的角逐，半程男子冠军由选手向清获得，成绩为1小时10分51秒。半程女子冠军由选手张妮获得，成绩为1小时21分34秒。

长沙红色半马已陪伴跑友走过四年。四年来，红色半马不断推进着全民健身与全民健康的深度融合，树立起有高度、有影响力的IP赛事，成为长沙地区全民健身发展的标杆项目。赛事组委会表示，未来该赛事将继续以“爱长沙跑红马、强文化赋产业、促旅游创辉煌”为目标，积极推动长沙全民健身创新发展。加强以赛聚势，以赛赋能，高效整合多方资源，丰富“全域、全时、多元”的旅游内涵，不断提高长沙旅游的品牌美誉度与知名度，为长沙体旅创新开辟更多新思路、新构想。

（五）演艺活动情况

演艺是文化产业体系中的核心产业之一，是创意密集和劳动力密集的产业，也是一项能耗低、可持续发展性强的低碳产业，具有极大的辐射和拉动作用。演艺产业对经济社会发展、文化传承与普及、公民人文道德素质提高有着重要意义，其发展状况很大程度上体现了一个国家和民族的艺术创造力。从分析来看2020年长沙市演艺活动举办情况呈现出以下特点：

1. 演艺数量降幅大，民众热情有降低

2020年长沙市共举办演艺活动126场，相比2019年的293场减少了167场，降幅为57.00%。演艺活动受疫情影响明显，民众热情出现明显下降。但据统计长沙以126场演艺活动位列湖南省演艺活动数量第一，占全省演艺活动总量的62.07%，

上述情况与演艺产业自身特点相关，一方面，地区文化、地段特征等因素对演艺产业的发展具有决定性影响；另一方面，中国演艺市场对演出人员、工作人员、舞台布景等末端环节具有较高的要求。长沙作为湖南的省会城市，具有演艺活动举办的先天优势；期待株洲、湘潭和长沙融城后能协同创新发展，快速推动长株潭城市群文化产业一体化发展。

2. 举办规格有提升，承办场地较集中

2020 年长沙市演艺活动的举办场所多分布在长沙音乐厅、梅溪湖国际文化艺术中心。梅溪湖国际文化艺术中心是湖南省规模最大、功能最全、全国领先、国际一流的国际文化艺术中心；长沙音乐厅主要包含 1400 余座交响乐大厅、近 500 座多功能厅及近 300 座室内乐厅，可同时容纳约 3000 人的音乐爱好者欣赏艺术、参加艺术培训；由此可见，两个场馆均具备承办规格较高的演艺活动的条件。

2020 年，长沙音乐厅、梅溪湖国际文化艺术中心共举办了 114 场演艺活动，占全省演艺活动的 56.16%。其中，梅溪湖国际文化艺术中心举办的活动共计 60 场，占长沙总数的 47.62%，位列第一；长沙音乐厅紧跟其后，共举办演艺活动 54 场，占比为 42.86%。

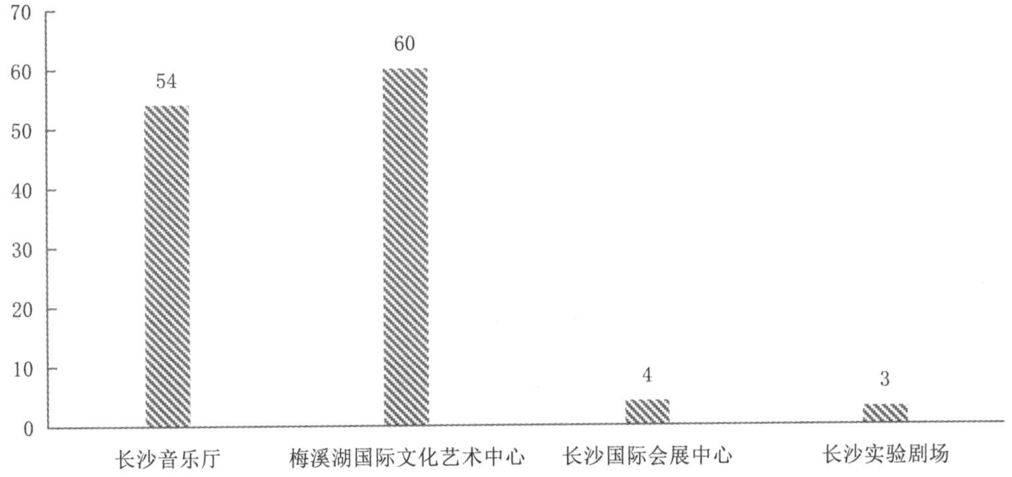

图 1-15　2020 年长沙市主要演艺场馆演艺活动数量（单位：场）

3. 上半年需求放缓，下半年出现反弹

2020 年上半年度演艺活动共举办 12 场，主要集中分布在一月中上旬，多数演艺活动为举办的音乐会。受疫情影响三月末举办一场演艺活动，演艺活动从 6 月才开始出现复苏迹象，举办活动占全年总数量的 3.17%。第三季度开始，演艺活动在各市州逐步有序展开，活动数量增加至 47 场，较上季度环比增长 7.8 倍。第四季度演艺活动举办数量最多，占全年总量的 53.17%，活动数量现较第三季度得到持续上升。

2020 年演艺活动的举办情况呈现先降后升的特点，其原因主要有：一方面是大面

积的延期使得相关演艺公司几个月内没有收益，或面临不同的生存困境，导致演艺项目的流失；另一方面，由于上半年演艺活动的延期，造成下半年演艺活动档期集中和数量骤增的情况。

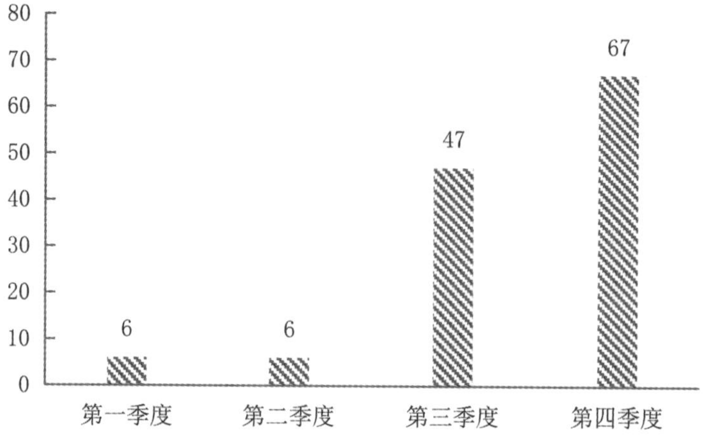

图 1-16　2020 年湖南省演艺活动数量季度分布（单位：场）

4. 演艺活动多元化，音乐类型占比大

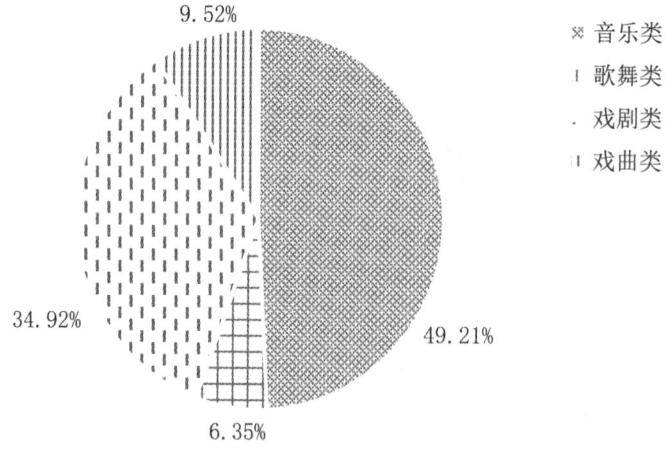

图 1-17　2020 年长沙市演艺活动类别占比情况

数据显示，2020 年长沙市演艺活动数量最多的是音乐类[①]，共计 62 场，占演艺活动总数的 49.21%；其次是戏剧类，共举办 44 场，占总数的 34.92%；戏曲类活动举办

① 依据中华人民共和国旅游行业标准《旅游演艺服务与管理规范》，结合湖南省演艺活动举办特点，演艺可依次划为五个类别，分别是：音乐类、歌舞类、戏剧类、戏曲类和其他类。

量居第三位，共举办 12 场，占比为 9.52%。歌舞类及其他类的演艺活动在全年中均有分布，体现了长沙市演艺活动多元化的特点，充分满足了大众群体日益增长的精神文化需求。

5. 部分重点演艺活动情况

（1）2020 湖南新春音乐会

1 月 17 日晚上，2020 湖南新春音乐会在长沙音乐厅精彩上演。湖南省省委书记杜家毫，省委副书记、省长许达哲，省政协主席李微微与省会干部群众代表欢聚一堂，共享新春音乐盛典，共庆新春佳节。

整场音乐会中西合璧、大气磅礴，中外艺术家们联袂演绎了多部经典作品，为观众们带来一场雅俗共赏、优质多元的音乐盛宴。演出上半场，童声合唱团和花腔女高音刘文婷分别演唱了经典音乐《蓝色多瑙河》和《春之声圆舞曲》，让观众们感受到藏在冬天里的春潮涌动；大提琴演奏家秦立巍演奏的柴可夫斯基名曲《洛可可主题变奏曲》，展现了精湛的演奏技巧和丰富的表现魅力；意大利女高音歌唱家费德丽卡·维塔利带来了《漫步街上》《晴朗的一天》两首歌剧选段；乐队演奏了作曲家哈恰图良名曲《列兹金卡舞曲》。演出下半场，一曲充满诗意的原创交响诗《长岛人歌》讴歌三湘大地，充满了湖湘情韵；青年歌唱家王传越带来《我爱你中华》和《新的天地》两首歌曲，刚柔并济，充满激情；青年二胡演奏家陈依妙一曲《战马奔腾》，生动展现了一往无前的战斗精神；湘籍女高音歌唱家王丽达带来《报答》和《亲吻祖国》两首歌曲，抒发了中华儿女强烈的爱国情怀和民族自信；交响合唱《不忘初心》和《共圆中国梦》更是将音乐会推向高潮。最后，音乐会在全场高唱《歌唱祖国》的热烈氛围中落下帷幕。

作为湖南省一年一度的艺术盛会，湖南新春音乐会已成功举办了六届。此次音乐会由省委宣传部、省文化和旅游厅、湖南广播电视台、省演艺集团主办，由长沙交响乐团担纲，指挥家于海、肖鸣、邹翔担任指挥，并将于春节期间在湖南广播电视台播出。

（2）2020 年“欢乐潇湘”精准扶贫优秀文艺作品展演

11 月 3 日，2020 年“欢乐潇湘”精准扶贫优秀文艺作品展演在湖南戏曲演出中心举行。此次展演由湖南省文旅厅和湖南省扶贫办共同主办，以“决战脱贫 决胜小康”为主题，创作巡（展）演一批反映全省人民在打赢脱贫攻坚、决胜全面小康建设中取得的巨大成就，讴歌党、讴歌祖国、讴歌人民、讴歌英雄，展现新时代湖南人民美好生活的优秀群众文艺节目。

此次展演由春意潇湘、情暖潇湘、幸福潇湘三个篇章组成，集中呈现全省优秀代表作品。巡演活动从2020年7月开始筹备，广大群文工作者积极参与、热情创作，经过组委会推荐评审、导演组修改打磨、演员们精心排练，最终打造出一系列精彩的惠民演出。10月起，巡演先后走进了湘西州凤凰县、怀化市辰溪县、株洲市炎陵县、湘潭市韶山市，为当地群众送上了丰盛的文化大餐。

“欢乐潇湘”是长沙市乃至全省规模最大、影响最广的品牌群众文艺活动。据统计，活动2020年已累计巡演5场，参演节目52个，38支群文团队参加，316名演职人员参演，吸引了超300万名网友线上观看。

（3）“百村千场文化进万家”文艺演出

为进一步弘扬中华民族传统艺术文化，提升居民文化生活质量，从2020年“五一”开始，“百村千场文化进万家”文艺演出在各景区开展惠民演出系列活动。此次系列演出由中共长沙市委宣传部、长沙市文化旅游广电局主办。

长沙各文艺院团结合各景区不同特点，量身创作了一批歌舞、戏剧、综艺等精品文艺节目，采取更活泼、更新潮的形式促进文艺与景区的有机融合、文艺与游客的近距离互动。仅“五一”期间，文艺院团分别在新华联铜官窑古镇、世界之窗、巴溪洲等12个景区策划了40场精彩演出，全力助推市内景区旅游升温。

通过采取进社区乡村、进旅游景区、进专业剧场等方式，2020年共完成“百村千场文化进万家”惠民演出1248场，以文艺助力经济社会发展，最大限度满足广大群众文化需求，进一步提升了公共文化服务效能，开出了文艺与旅游融合的新花。

（4）“江山如此多娇”红色交响音乐会

11月14日，由湖南省人民政府、江西省人民政府主办的“江山如此多娇”红色交响音乐会在长沙音乐厅举行。

作为2020中国红色旅游博览会重要子活动，本场红色交响音乐会由“江山如此多娇”（全国篇）、“风景这边独好”（江西篇）、“芙蓉国里尽朝晖”（湖南篇）、“还看今朝”（未来篇）四个篇章组成，共上演了 13 首交响合唱、民歌、音诗画、二胡协奏曲、湘剧戏歌等作品。同时，还特邀了国家级非物质文化遗产湘剧代表性传承人曹汝龙、著名女高音歌唱家黄华丽、中国歌剧舞剧院青年歌唱家曾勇等艺术家参与演出，通过讲述 + 交响乐的形式，为现场观众献上了多首湘、赣两省极具代表性、传唱度很广的红色经典曲目。

（5）2020 年“致敬扫黑英雄”文艺晚会

9 月 25 日，由湖南省文化和旅游厅主办的 2020 年“致敬扫黑英雄”文艺晚会在省文化馆群星剧场成功举行。

此次晚会共 11 个节目，选自株洲市、湘潭市等多个市州文化旅游广电局，围绕“扫黑除恶”主题，以传统湘剧、小品、快板、歌舞等多种形式演出。激情澎湃的《让我们一起战斗》，唱出了公安干警捍卫百姓安宁的决心，描绘了警民合作共建平安岁月，捍卫安宁阳光的美好愿景；情景讲述《我的丈夫——王德胜》，以株洲市扫黑除恶专家王德胜为原型，展现了奋斗在扫黑除恶第一线英雄的英勇事迹；风趣幽默的小品《小区风波》令观众忍俊不禁的同时，也使观众在思想上受到了震撼和教育。

此次专题晚会的节目大都取材于基层，主题鲜明，贴近生活，贴近实际，并落实了中共中央、国务院《关于开展扫黑除恶专项斗争的通知》要求，进一步拓宽扫黑除恶专项斗争宣传渠道，提升扫黑成果影响力。这是扫黑除黑收官之年省文旅系统举办的规模最大、质量最高的一次致敬扫黑英雄专题文艺活动。

（6）2020 年城市交响乐团“长沙峰会”

11 月 3 日至 4 日，由中国交响乐发展基金会、中国音乐家协会管乐学会、湖南省演艺集团、长沙市委宣传部、长沙市文化旅游广电局共同主办的 2020 城市交响乐团“长沙峰会”在湖南省长沙市举行。包括北京交响乐团、天津交响乐团、上海交响乐团、苏州交响乐团、哈尔滨交响乐团和长沙交响乐团在内的全国 12 个交响乐团团长以及中国交响乐发展基金会、中国音乐家协会管乐学会等单位的嘉宾齐聚长沙，共赴交响艺术盛会。

在“长沙峰会”中国城市交响乐团发展论坛上，嘉宾们围绕中国城市交响事业发展进行交流讨论。中国交响乐发展基金会理事长、苏州交响乐团团长陈光宪，中国交响乐发展基金会副理事长、中国音乐家协会管乐学会主席于海等发表主旨讲话，为“以100部中国交响乐作品、100场惠民音乐会，迎接建党100周年”贡献智慧，为中国交响乐事业发展出谋划策。

11月3日晚，峰会举行了开幕式音乐会，苏州交响乐团与长沙交响乐团结为友好乐团并联袂出演。《东方红》《歌唱祖国》《浏阳河》等经典红色曲目奏响。4日晚，苏州交响乐团为峰会献上主题音乐会。据了解，城市交响乐团“长沙峰会”自2019年起开始举办，每年举办一次，旨在加强城市交响乐团之间的交流合作，总结改革和发展的成功经验，贡献交响乐团在城市发展中的智慧力量。

四、人才培养

（一）会展教育

长沙会展业的不断发展，对会展专业人才数量的需求及质量的要求也在不断增加和提高，长沙会展教育发展向好。

1. 专业规模相对不足，总体发展基本平稳

截至2020年底，长沙共有6所高等院校开设会展经济与管理（本科）和会展策划与管理（高职）专业[①]。其中本科院校3所，较2019年增加1所、高职院校3所，具体院校如表1-2。

另外有4所高职院校开设了会展相关专业，分别是湖南工艺美术职业学院2009年开设了展示艺术设计专业，长沙民政职业技术学院2010年开设了婚庆服务与管理专业，湖南体育职业学院2015年开设了体育运营与管理专业，长沙商贸旅游职业技术学院2019年开设了艺术设计专业（展览展示）。

目前，长沙没有中职院校开设会展专业或会展相关专业。2所本科院校硕士点开设了会展管理方向，即湖南师范大学饭店管理（会展经济与管理）硕士点、中南林业科技大学旅游管理（会展与节事管理）硕士点。

从近三年长沙6所高等院校会展专业2018—2020级的在校生人数来看，6所高等

① 数据来源：《2020年会展专业教育报告》。

院校专业规模发展总体平稳。

表 1-2　2020 年长沙会展专业开设情况及 2018—2020 级在校生人数

序号	学历	院校名称	专业名称	开设年份	2018 级	2019 级	2020 级
1	本科	湖南工商大学	会展经济与管理	2006 年	–	大类招生	大类招生
2	本科	中南林业科技大学	会展经济与管理	2013 年	48	49	50
3	本科	湖南师范大学	会展经济与管理	2015 年	39	45	41
4	专科	长沙商贸旅游职业技术学院	会展策划与管理	2005 年	105	116	94
5	专科	湖南现代物流职业技术学院	会展策划与管理	2017 年	73	52	43
6	专科	湖南外贸职业学院	会展策划与管理	2019 年	–	43	56

2. 立体构建教学资源，引领会展教育改革

（1）组建会展策划与管理专业教学资源库共建共享联盟

长沙商贸旅游职业技术学院联合广东交通职业技术学院、福州职业技术学院，汇聚一流资源，与全国 18 个省（自治区、直辖市）的 23 所职业院校和 90 个行业单位，策划建立会展策划与管理专业教学资源库共建共享联盟（以下简称“联盟”）。“联盟”探索构建基于资源库应用的学习成果认证、积累和转换机制，激励院校、校企深度合作，共同提高人才培养质量和职业教育社会服务能力，促进学习型社会建设。

（2）建设国家职业教育会展策划与管理专业教学资源库

国家专业教学资源库是推动高等职业教育创新发展的标志性工程。2019 年 3 月，长沙商贸旅游职业技术学院、广东交通职业技术学院、福州职业技术学院联合主持的职业教育会展策划与管理专业教学资源库建设项目被教育部批准立项。

该项目通过“政行企校”四位一体合作，建设了“一个一体化数字平台（门户网站、资源管理平台、中国会展职教数字博览中心）、四大结构化业态组合（会议、展

览、节事活动、展示设计）、七个专业化资源子库（人才培养资源子库、课程资源子库、素材资源子库、职业培训资源子库、行业资源子库、国际交流资源子库、特色资源子库）”为总体框架的专业教学资源库（见图 1-18）。

该项目共建成标准化课程 12 门、个性化课程 14 门、培训课程 20 门；颗粒化资源 23895 个，其中视频类资源 8637 个、动画类资源 1413 个、微课类资源 1814 个、虚拟仿真类资源 181 个、文本类资源 4881 个、其他非文本类资源 6969 个，文本型演示稿、图形图像类和文本类资源占比为 31.62%，原创率为 83.96%，资源活跃度占比高达 98.9%。注册用户总数达 31875 人，其中学生用户 23768 人、教师用户 741 人、企业用户 742 人、社会学习者 6624 人，访问日志量总计 1829 万次。建设单位在校学生活跃用户占比 97.3%，使用满意度为 95.4%。使用资源库培训社会人员的单位 264 个，使用满意度达 96%。

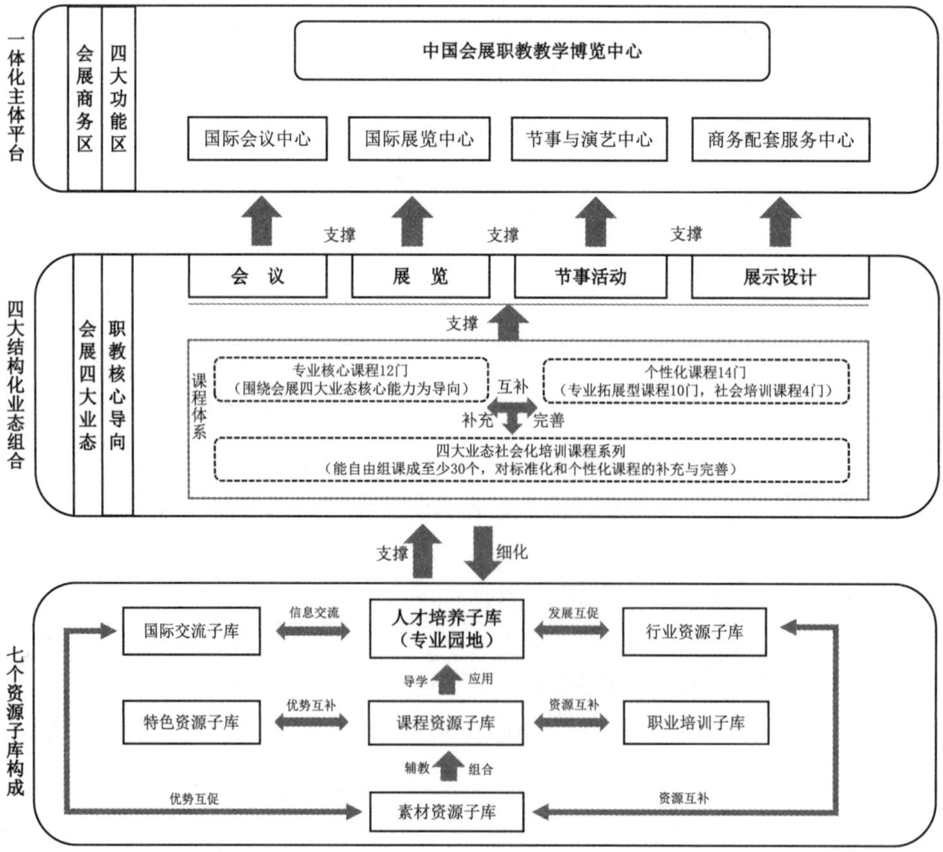

图 1-18　会展策划与管理专业教学资源库建设总体架构

会展资源库为用户提供了一站式学习、线上线下混合式教学、互动交流等多种功能于一体的学习平台，最大限度满足了在校学生、教师、企业用户和社会学习者等不同类型使用者对知识的个性化学习需求，采用自主、智能、交互的学习方式，是“互联网 + 职业教育”在会展职业教育领域的生动实践。会展策划与管理专业教学资源库的建设，发挥示范引领效应，辐射带动共建院校其他专业的建设发展，打造了“人人皆学、时时能学、处处可学、样样有学”的开放式在线教学生态系统。

3. 办学特色逐步形成，品牌影响日益扩大

（1）融通产教人才标准，推动技能证书试点

《国家职业教育改革实施方案》提出，要在职业院校和应用型本科高校启动“1+X 证书”（即“学历证书 + 若干职业技能等级证书”）制度试点工作。长沙商贸旅游职业技术学院与行业领军企业合作制订“1+X”《会展管理职业技能等级标准》，并将会展行业的职业技能标准和“1+X”考证标准结合，写入了专业人才培养方案。“X”证书由企业等社会评价组织开发，明确了会展类专业培养目标，为会展职业人才培养提供了新的思路，丰富了中国会展职业教育人才培养模式，促进了职业院校教育教学改革、推进了会展职业教育人才培养标准对接行业标准。让学校会展教育直接对接社会需求，从而弥补学校教学内容的“短板”，打通学生学习与工作岗位的最后“一公里”，进一步深化教师、教材、教法“三教改革”，深化校企合作产教深度融合，提高人才培养质量。

（2）协同联动学分互认，育训并举助力战“疫”

对接国家职业教育教学标准和会展职业技能标准，充分考虑职业院校人才培养专业基础和核心能力的通用性，兼顾中高本培养的层次递进关系和院校发展特色，院校共同设计结构化课程体系，院校专业人才培养方案实现联动；长沙商贸旅游职业技术学院等 6 所院校签订学分互认协议，努力探索实践学分互认机制；与中国贸促会商业行会合作建设《会展职业经理人认证培训》《会展职业内训师培训》课程，建立认证考核免试机制；与中国会展经济研究会合作开展“双线双融实践教学能力提升巡回研讨会”，不断拓展会展资源库应用深度与广度。疫情期间积极响应“停课不停学”“停工不停训”的号召，以海量优质资源为全国 221 所会展院校、415 家行业企业提供服

务支撑，广受好评，荣获“教育部教育技术教指委在线教学实践优秀成果”“湖南省职业院校线上教学优秀案例”。

（二）行业培训

1. 编制团体标准，支撑行业培训

由长沙商贸旅游职业技术学院牵头组建的会展资源库项目团队充分发挥在线教学资源和跨区域团队优势，制定《会展策划与管理专业联盟教学标准》，与中国贸促会商业分会合作，牵头制订团体标准《会展项目管理职业技能等级标准》，合作制订《展览会展台术语》《展示设计人员职业能力要求》，与行业领军企业合作制订教育部“1+X”《会展管理职业技能等级标准》。系列标准的编制为会展院校专业教育、会展从业人员技能培训提供了有效指导和参考，有力推动了会展行业职业培训和继续教育水平的不断提升。

2. 推广线上培训，助力抗疫攻坚

为了抗击新型冠状病毒感染的肺炎疫情，落实国家发展改革委等四部门联合印发的《关于应对新型冠状病毒感染肺炎疫情 支持鼓励劳动者参与线上职业技能培训的通知》，推动包括会展人才在内的服务贸易人才培养，中国国际贸易促进委员会商业行业委员会携手国家职业教育会展策划与管理专业教学资源库平台，共同开展面向会展行业的免费职业技能培训。在本次培训中，湖南有5家会展企业的8名用户达到考核标准，聘为“会展职业内训师”。

根据各地院校专业教学和行业企业培训需求，在规范建设应用的基础上，结合错峰应用的平台和技术要求，项目团队及时对原有组织架构、标准和资源体系、考核评价方式进行适应性调整，通过拓展应用平台、丰富技术手段、开放教学资源，分别为教师、学生、社会用户制作了应用操作指南，及时解决各类用户应用问题，有力支撑全国221所院校632名教师、19979名学生“停课不停学”、服务全国415家会展行业协会及企业3697名社会学习者“停工不停训”，受到业界、学界以及新闻媒体的广泛好评，被教育部教育技术教指委评为优秀案例。

3. 加强交流互动，提升服务水平

为加强湖南省会展企业之间的沟通交流，提高会展从业人员业务素质，提升会展业服务水平，2020 年湖南省会议展览业协会开展了多次交流和培训活动，组织会展企业单位赴东莞、广州、南京、上海、宁夏等多地进行学习和交流，同时积极参加各种会展业的会议交流等活动，不断加强对湖南会展业的宣传和推介。2020 年 5 月，邀请了广东鸿威国际会展集团有限公司董事长王照云进行了主题为“云上会展——从传统到数字化的革新”的培训；2020 年 8 月 27 日，组织邀请了红星会展、支点展览、鑫湘国际、壹泓文化等企业与广西壮族自治区会议展览业协会进行了深入的交流，共同寻求发展机遇。

第二部分　会展城市对比分析

我国会展产业发展迅速，逐步形成了长三角、珠三角和环渤海三大会展城市群，中部、西部、东北三个会展城市带、海南和海西两个会展城市特区。长沙作为湖南省会城市，其会展业发展水平与趋势可为湖南的代表，根据会展业发展现状、会展业竞争力等多方面标准，从发展规模、项目规模、场馆规模、产业管理、人才培养等五个方面，将长沙与选定中部其他省会城市进行对比，与超一线城市北京、上海、广州、深圳进行对比，与其他省会城市济南、南京、西安、成都、昆明、长春和重要地州市青岛、临沂等 20 个知名会展城市进行对比[①]，有助于明确长沙乃至湖南会展业发展的方位与路径。

一、发展规模

（一）展览业规模大幅缩水

展览是会展业的主体部分，在很大程度上体现了会展业的发展状况。表 2-1 统计了长沙市与所选择的 19 个对比城市 2020 年的城市展览数量和展览面积[②]。可以看出，上海、广州、重庆三个城市的展览数量和展览面积均居全国前三位。

长沙市会展业虽在全国处于中等偏上的地位，但与国内知名的会展城市之间还存在着差距，仍有巨大上升空间。从展览数量上来看，长沙市 2020 年展览数量为 202 场，排名全国第七，占全国总量的 3.74%，数量比 2019 年减少了 188 场[③]，但是占比提高了 0.21%。从展览面积来看，长沙市 2020 年展览面积为 246.27 万平方米，排名全国第八，占全国总量的 3.19%，比 2019 年减少了 74.73 万平方米，但是占比提高了 1.03%。

2020 年的数据比较分析虽具有一定的参考意义，但无法综合反映出城市会展业的动态发展和发展趋势，因此选择近五年的相关数据进行对比分析。表 2-2、表 2-3 为 20 个对比城市近五年城市展览数量和展览面积的数据统计。图 2-1、图 2-2 反映是以

---

① 数据来源：《2020 年度中国展览数据统计报告》。

② 数据来源：《2020 年度中国展览数据统计报告》。

③ 数据来源：《湖南省会展业发展报告（2020）》。

2016 年为基准，20 个对比城市近五年城市展览数量和展览面积的变化情况。

表 2-1　2020 年 20 个对比城市展览数量和展览面积统计

序号	城市	展览数量（场）	展览数量全国占比（%）	展览面积（万平方米）	展览面积全国占比（%）
1	长沙	202	3.74	246.27	3.19
2	武汉	88	1.63	150.00	1.94
3	郑州	113	2.09	149.30	1.93
4	合肥	102	1.89	103.83	1.34
5	太原	50	0.92	41.74	0.54
6	南昌	40	0.74	82.00	1.06
7	上海	550	10.17	1107.79	14.34
8	广州	575	10.63	471.00	6.10
9	重庆	242	4.47	447.00	5.79
10	深圳	107	1.98	349.30	4.52
11	北京	89	1.65	178.00	2.30
12	青岛	210	3.88	311.00	4.03
13	济南	107	1.98	210.00	2.72
14	临沂	80	1.48	156.80	2.03
15	南京	228	4.22	229.27	2.97
16	西安	30	0.55	91.00	1.18
17	成都	211	3.87	305.78	3.98
18	厦门	113	2.09	117.89	1.53
19	昆明	78	1.44	221.00	2.86
20	长春	35	0.65	175.68	2.27
21	全国	5408	-	7726.61	-

总体来说，上海、广州、重庆、南京四个城市会展业一直遥遥领先于其他城市，近五年展览数量都牢牢占据全国前几位。从表 2-2 中可以看出，2016 至 2019 年展览数量大部分城市保持稳中有升的发展趋势如合肥、深圳、青岛、济南、长春等，增长较快的有长沙、上海、南京、成都等城市，呈下降趋势的有南昌、重庆、北京、临沂。2020 年受疫情影响，大部分城市的展览数量都大幅度减少，其中长春、北京、武汉最

为明显，降幅达到 60% 以上。

2016 年至 2020 年，长沙市年展览数量逐年递增，由 2016 年的 201 场上升至 2019 年的 390 场，以 2019 年增长速度最快，2020 年降为 202 场，降幅为 48.21%。

表 2-2　2016—2020 年 20 个对比城市展览数量统计（单位：场）

序号	城市	2016 年	2017 年	2018 年	2019 年	2020 年
1	长沙	201	217	251	390[①]	202
2	武汉	294	313	294	267	88
3	郑州	238	237	239	240	113
4	合肥	187	192	200	204	102
5	太原	117	124	148	126	50
6	南昌	174	98	76	84	40
7	上海	816	767	994	1043	550
8	广州	538	662	628	690	575
9	重庆	597	496	503	513	242
10	深圳	91	114	111	121	107
11	北京	409	365	347	324	89
12	青岛	226	239	265	286	210
13	济南	165	167	196	202	107
14	临沂	109	88	104	115	80
15	南京	394	509	516	543	228
16	西安	185	199	230	196	30
17	成都	196	207	266	335	211
18	厦门	230	205	229	236	113
19	昆明	99	149	152	132	78
20	长春	141	148	163	163	35

从表 2-3 中可以看出，2016 年至 2019 年展览面积保持稳中有升的发展趋势的城市有郑州、太原、广州、深圳、济南、临沂、成都、厦门等，增长较快的有长沙、重庆、青岛、昆明、长春等，呈下降趋势的有合肥、南昌、北京、西安。2020 年 20 个对比城市展览面积都是呈现大幅下降趋势，降幅较大的城市主要有北京、广州、重庆、上

① 数据来源：《湖南省会展业发展报告（2020）》。

海等，其中最为明显的是北京，降幅达到 69.82%，降幅较小的是深圳市，仅 11.65%。

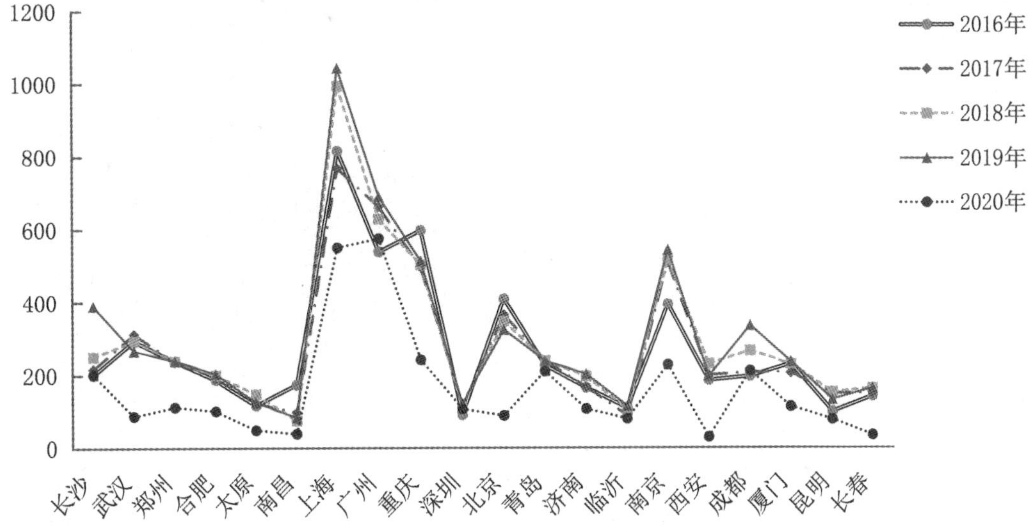

图 2-1　2016—2020 年 20 个对比城市展览数量变化（单位：场）

2016 年至 2019 年，长沙市年展览面积逐年稳定递增，增量不大，由 203.33 万平方米增加至 321.00 万平方米，2020 年降至 246.27 万平方米，降幅为 23.28%。

综合展览面积和展览数量两个指标分析，长沙会展业现状发展不及上海、广州、深圳、北京、重庆、南京等地，差距仍然十分显著，但长沙市的综合发展速度稳定增加，极具发展潜力。

表 2-3　2016—2020 年 20 个对比城市展览面积统计

序号	城市	2016 年（万平方米）	2017 年（万平方米）	2018 年（万平方米）	2019 年（万平方米）	2020 年（万平方米）
1	长沙	203.33	249.75	308.13	321.00	246.27
2	武汉	267.00	299.00	327.00	282.00	150.00
3	郑州	236.00	258.37	281.00	301.13	149.30
4	合肥	193.60	195.70	206.00	220.10	103.83
5	太原	78.38	96.54	105.66	99.20	41.74
6	南昌	220.00	245.00	87.54	96.80	82.00
7	上海	1604.80	1689.00	1906.31	1941.67	1107.79
8	广州	896.48	976.00	1020.00	1024.02	471.00

续表

序号	城市	2016 年（万平方米）	2017 年（万平方米）	2018 年（万平方米）	2019 年（万平方米）	2020 年（万平方米）
9	重庆	787.80	876.50	913.00	992.00	447.00
10	深圳	325.17	325.44	348.00	395.00	349.30
11	北京	634.14	595.50	641.19	589.80	178.00
12	青岛	298.30	345.00	370.10	426.00	311.00
13	济南	295.00	300.00	286.45	306.30	210.00
14	临沂	123.60	176.20	202.60	221.90	156.80
15	南京	431.00	487.35	490.12	512.30	229.27
16	西安	270.00	280.00	283.00	241.00	91.00
17	成都	344.10	366.00	388.00	425.20	305.78
18	厦门	215.00	219.00	237.80	240.03	117.89
19	昆明	149.91	291.52	276.95	374.00	221.00
20	长春	197.17	271.38	315.14	306.53	175.68

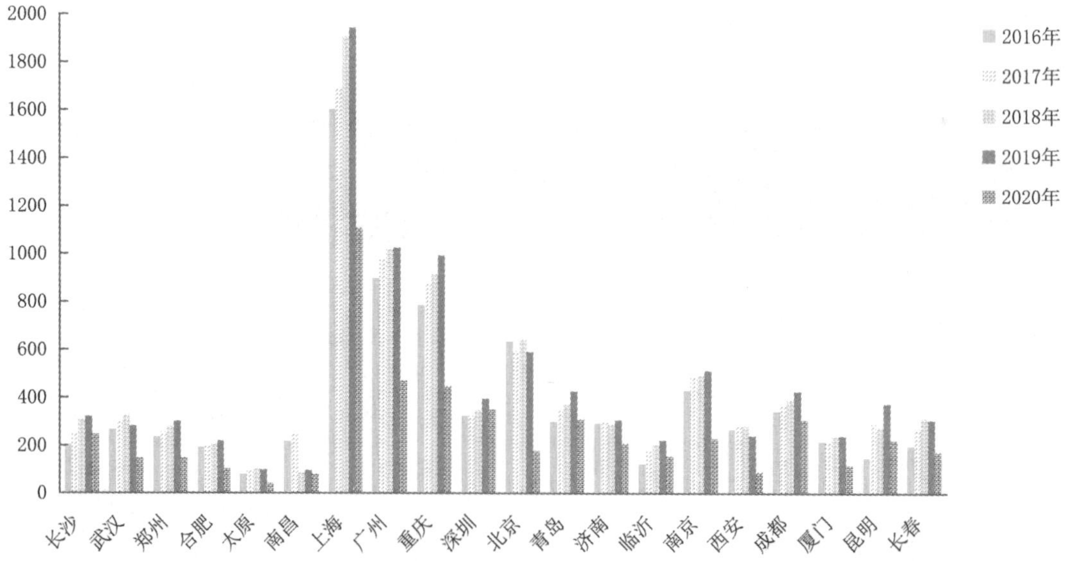

图 2-2　2016—2020 年 20 个对比城市展览面积变化（单位：万平方米）

（二）企业规模稳中有升

1. 上市公司数量统计

中国会展企业独立上市始于 2014 年。至 2020 年，中国上市的展览企业累计有 24 家。上市公司中，公司注册地在北京的 8 家，在上海的 4 家，在深圳、武汉的各 2 家，在广州、昆明、长沙的各 1 家。其余 5 家分布在天津、杭州和苏州。此外，在所选 20 个会展城市中，郑州、合肥、太原、南昌、重庆、青岛、济南、临沂、南京、西安、成都、厦门、长春这 13 个城市还未拥有上市展览公司。

仅从此方面来看，长沙虽与北京、上海等各方面条件皆优的城市之间差距甚远，但总体处于中等水平。

2. UFI 会员数量统计

至 2020 年底，UFI 中国会员（大陆地区）累计为 181 个[①]，较 2019 年增加 22 个，增幅 13.84%。北京、上海、广州和深圳的会员数量占会员总数的 49.17%，总体发展态势良好。20 个对比城市拥有 146 个会员，占大陆地区会员总数的 80.66%，其中上海 29 个，北京 28 个，广州 18 个，深圳 14 个，成都 12 个，济南 9 个，南京 7 个，武汉 5 个，青岛和长沙各 4 个，合肥和郑州各 3 个，重庆、临沂、厦门、长春各 2 个，西安和昆明各 1 个，太原、南昌暂无。

3. IAEE 企业会员数量统计

至 2020 年底，IAEE 在中国（大陆地区）的企业会员累计为 68 个[②]，较 2019 年增加 12 个，增幅 21.43%。20 个对比城市拥有 36 个 IAEE 认证的企业会员，占大陆地区会员总数的 52.9%，其中上海 10 个，成都 7 个，北京 6 个，厦门 5 个，深圳 3 个，西安 2 个，广州、重庆、青岛各 1 个，包括长沙在内的其余 11 个城市都没有 IAEE 认证的企业会员。

总的来说，中国上市的展览公司、UFI 会员数量、IAEE 会员数量在城市分布上存在同质化聚集，集中于北京、上海、广州、深圳、成都等地，在中部六省省会城市的

---

① 数据来源：《2020 年度中国展览数据统计报告》。

② 数据来源：《2020 年度中国展览数据统计报告》。

对比中，长沙稍逊于武汉，位居第二。长沙仅拥有 1 家中国上市的展览公司即湖南华凯文化创意股份有限公司，UFI 认证企业会员 4 家，分别是长沙国际会展中心、湖南亚洲湘会展有限公司、湖南中南国际会展有限公司和湖南红星国际展览有限公司。

表 2-4 2020 年 20 个对比城市 UFI、IAEE 企业会员数量与 2014—2020 年中国上市的展览公司名录

序号	城市	UFI 会员数量（个）	IAEE 会员数量（个）	中国上市的展览公司	
				数量（个）	公司名称
1	长沙	4	0	1	湖南华凯文化创意股份有限公司
2	武汉	5	0	2	湖北视纪印象科技股份有限公司
					武汉瑞美展览股份有限公司
3	郑州	3	0	0	—
4	合肥	3	0	0	—
5	太原	0	0	0	—
6	南昌	0	0	0	—
7	上海	29	10	4	东浩兰生会展集团股份有限公司
					上海风语筑展示股份有限公司
					上海复展智能科技有限公司
					上海万怡会展管理股份有限公司
8	广州	18	1	1	广州市广百展贸股份有限公司
9	重庆	2	1	0	—
10	深圳	14	3	2	深圳市易尚展示股份有限公司
					深圳市卡司通展览股份有限公司
11	北京	28	6	8	名洋国际会展（北京）股份有限公司
					北京黑油数字展览股份有限公司
					北京蓝色方略整合营销顾问股份有限公司
					北京芯联创展电子技术股份有限公司
					中青博联整合营销顾问股份有限公司
					北京昆仑亿发科技股份有限公司
					北京东恒会展服务股份有限公司
					北京佰锐博雅展览展示股份有限公司
12	青岛	4	1	0	—

续表

序号	城市	UFI 会员数量（个）	IAEE 会员数量（个）	中国上市的展览公司	
				数量（个）	公司名称
13	济南	9	0	0	—
14	临沂	2	0	0	—
15	成都	12	7	0	—
16	南京	7	0	0	—
17	西安	1	2	0	—
18	昆明	1	0	1	云南俊宇国际文化博览有限公司
19	厦门	2	5	0	—
20	长春	2	0	0	—
21	全国	181	68	24	—

二、项目规模

（一）经 UFI 认证的展览项目数量统计

2020 年，中国境内和中国境外自主办展共有 159 个[①]展会项目通过 UFI 认证，比 2019 年增加 18 个，增幅 12.77%。其中，境内通过 UFI 认证的项目 144 个，比 2019 年增加 22 个，增幅 18.03%；境外通过 UFI 认证的项目 14 个，比 2019 年减少 5 个，降幅 26.32%。

表 2-5 所示，除太原、南昌、昆明、厦门外，其余 16 个城市均有通过 UFI 认证的展览项目，其中上海、深圳、济南、成都、广州等五个城市远超其他城市，分别排名前五位，占全国总量的 55.56%。长沙仅有 2 项，分别是中国（长沙）国际汽车博览会和中国中部（湖南）农业博览会，处于相对落后的位置。

① 数据来源：《2020 年度中国展览数据统计报告》。

表2-5　2020年20个对比城市经UFI认证的展览项目

序号	城市	展览项目（个）	全国占比（%）
1	长沙	2	1.39
2	武汉	4	2.78
3	郑州	1	0.69
4	合肥	2	1.39
5	太原	0	0.00
6	南昌	0	0.00
7	上海	25	17.36
8	广州	10	6.94
9	重庆	3	2.08
10	深圳	17	11.81
11	青岛	7	4.86
12	济南	15	10.42
13	临沂	3	2.08
14	成都	13	9.03
15	南京	3	2.08
16	西安	2	1.39
17	昆明	0	0.00
18	厦门	2	1.39
19	北京	9	6.25
20	长春	0	0.00
21	中国境内	144	100

（二）规模前100名展览项目数量统计

将2020年全国展览项目清单所列的3217场展览按面积排序，在前100名的展览项目中，排名第1的展览是第三届中国国际进口博览会，面积为36万平方米，排名第100的展览是2020上海环球食品博览会，面积为8.3万平方米。100个项目展览总面积达 1496.9 万平方米，同比 2019 年展览面积 2049 万平方米减少了 552.1 万平方米，降幅达 26.94%[①]。

从表 2-6 可以看出，在 20 个对比城市中，上海以绝对优势占据第一，深圳紧随其后，广州次之，三所城市占据了总量的 58%。长沙占有 3 项，分别是第 18 届中国畜牧业博览会暨 2020 中国国际畜牧业博览会（13.4 万平方米）、2020 第 22 届中国中部（湖南）农业博览会（11.1 万平方米）和 2020 中国国际食品餐饮博览会（9.7 万平方米）。

（三）分行业展览面积前 3 名展览项目数量统计

将所有展览按展览所服务的一类行业细分为 30 个类别，统计展览面积前 3 名的项目数量，其中上海、深圳、广州占据前三，占据全国总数的 51.69%。按展览所服务的二类行业细分为 124 个类别，筛查展览面积前 3 名的项目数量，其中上海、深圳、广州仍然以绝对优势占据前三，占据全国总数的 38.73%[②]。长沙在中部六省的省会城市中排名第一，优势明显。

表 2-6　2020 年 20 个对比城市展览项目规模统计

序号	城市	全国展览规模前 100 名项目数量（场）	全国展览分一类行业展览面积前 3 名项目数量		全国展览分二类行业展览面积前 3 名项目数量	
			数量（场）	占比（%）	数量（场）	占比（%）
1	长沙	3	3	3.37	11	3.18
2	武汉	1	1	1.12	7	2.02
3	郑州	0	2	2.24	3	0.87
4	合肥	1	0	0.00	3	0.87
5	太原	0	1	1.12	2	0.58
6	南昌	0	0	0.00	0	0.00
7	上海	30	19	21.35	67	19.36
8	广州	11	11	12.36	33	9.54
9	重庆	5	4	4.49	13	3.76
10	深圳	17	16	17.98	34	9.83
11	北京	3	2	2.25	11	3.18

① 数据来源：《2020 年度中国展览数据统计报告》。
② 数据来源：《2020 年度中国展览数据统计报告》。

续表

序号	城市	全国展览规模前100名项目数量（场）	全国展览分一类行业展览面积前3名项目数量		全国展览分二类行业展览面积前3名项目数量	
			数量（场）	占比（%）	数量（场）	占比（%）
12	青岛	4	2	2.25	14	4.05
13	济南	1	2	2.25	17	4.91
14	临沂	1	3	3.37	14	4.05
15	成都	1	2	2.25	9	2.60
16	南京	1	3	3.37	10	2.89
17	西安	1	1	1.12	6	1.73
18	昆明	0	0	0.00	4	1.16
19	厦门	2	1	1.12	5	1.45
20	长春	2	3	3.37	8	2.31
21	全国	100	89	100	346	100

三、场馆规模

截至2020年底，所选20个对比城市已建设完成75座大型展览场馆[①]，总展览面积达579.45万平方米。其中上海在展馆数量和展览面积上皆占首位，会展业的发展远超其他城市。如图2-3、2-4所见，从大型展馆数量来看，上海、北京最多，长沙、广州、临沂、武汉等次之，厦门最少。从场馆展览面积来看，上海、深圳、广州、昆明在场馆可供室内展览面积上排名前四，均超过50万平方米。

就长沙市而言，在会展场馆建设数量和面积方面都有着可观的成绩，目前拥有6座大型展览场馆和1个大型会议中心，共有室内展览面积24.5万平方米[②]。

会展场馆建设已经取得了一定的成绩，但在会展场馆利用和管理上还存在一些问题，长沙市也不例外。根据全国各个展馆实际收集到的展览项目情况，对室内展览面积超过1万平方米的展馆进行测算，得到2020年全国展览场馆利用率前十的展馆情况，其中排名前五的分别是深圳会展中心（41.64%）、上海新国际博览中心（39.57%）、南京国际展览中心（38.65%）、郑州国际会展中心（34.77%）和临沂国际会展中心（32.86%），

① 室内可供展览面积1万平方米以上的展馆。
② 6个大型展馆的室内展览面积。

剩下的 5 个展馆利用率不到 30%。对比之下，长沙几大场馆的利用率一般。

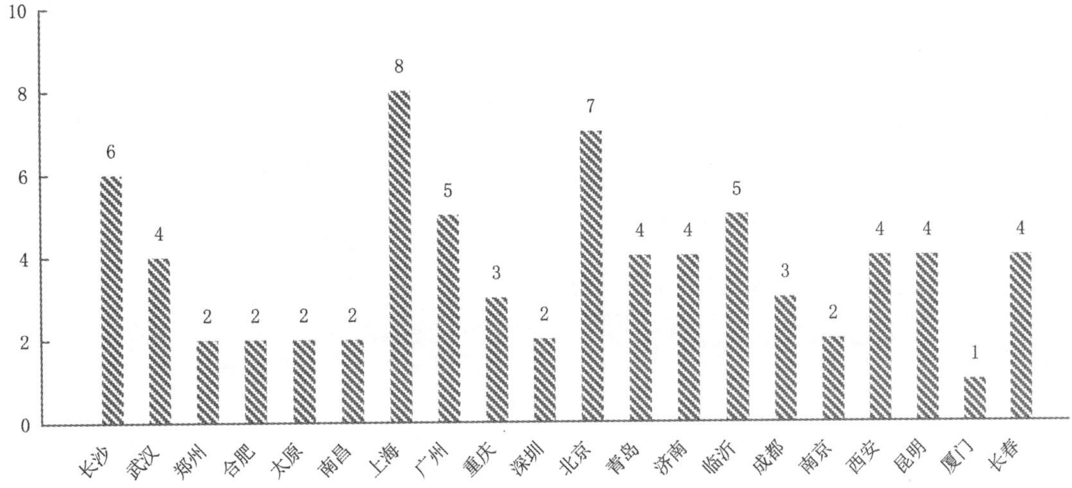

图 2-3　2020 年 20 个对比城市大型展览场馆数量分布（单位：座）

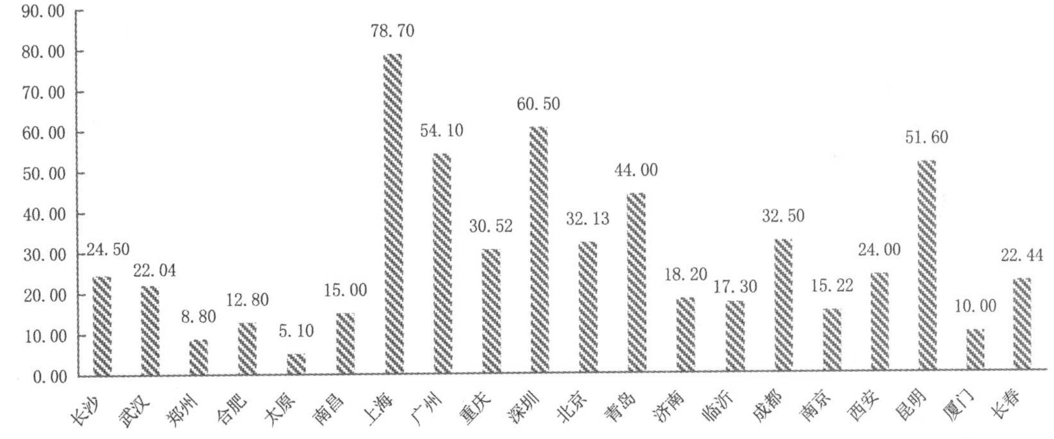

图 2-4　2020 年 20 个对比城市大型展览场馆室内展览面积对比（单位：万平方米）

四、产业管理

在许多城市会展业发展分析中都曾提到会展业存在或多或少的产业管理问题，诸如宏观管理体系不健全、法律法规不完善、行业监管不到位、市场培育不成熟等，这些问题似乎已经成为会展业的通病，是阻碍会展业蓬勃发展的“拦路虎”，严重影响了会展业的持续发展。从会展产业发展角度来看，相关政府部门、行业组织和研究机构的存在及其办展行政服务质量直接决定着会展产业发展水平和竞争力的提升。

表2-7是所选20个对比城市2020年会展业相关政府部门、行业组织、研究机构的数量统计结果。结果显示，20个城市均有会展业相关政府部门，行业组织以长沙、武汉、郑州、北京、南京、成都较多，其余城市次之，昆明暂时没有。研究机构的数量与会展产业发展水平成正相关，上海、北京、长沙三个城市数量较多，超过一半的城市暂时空缺。

表2-7　2020年20个对比城市政府部门、行业组织、研究机构分布

序号	城市	政府部门（个）	行业组织（个）	研究机构（个）
1	长沙	1	4	4
2	武汉	2	3	1
3	郑州	2	3	0
4	合肥	1	1	0
5	太原	1	2	0
6	南昌	1	1	0
7	上海	2	1	4
8	广州	1	2	1
9	重庆	2	1	1
10	深圳	1	1	0
11	北京	1	3	3
12	青岛	1	1	0
13	济南	1	2	1
14	临沂	2	2	0
15	成都	1	3	1
16	南京	1	3	0
17	西安	1	2	0
18	昆明	1	0	0
19	厦门	4	1	0
20	长春	1	2	0

（一）政府部门

表 2-7、表 2-8 反映出 2020 年 20 个对比城市的政府部门统计结果，20 个城市都成立了专门的会展办公室或博览事务局，充分体现了政府部门对会展行业的重视。会展业的协调和总体规划需要政府部门的牵头领导。对比之下，长沙的城市基础建设、会展设施等硬件条件远不及上海、广州、深圳等地，并且硬件条件的改善并非一朝一夕所能解决，需要长时间的积累与沉淀，地理条件更是难以轻易改变，但在加强行业管理、培养会展人才等方面可重点突破。

表 2-8　2020 年 20 个对比城市政府部门具体名单

序号	城市	政府部门	
		数（个）	名称
1	长沙	1	长沙市会展工作管理办公室
2	武汉	2	武汉市商务局会展处
			武汉市汉阳区会展业发展服务中心
3	郑州	2	河南省博览事务局
			郑州市会展工作管理办公室
4	合肥	1	合肥市会展经济发展工作领导小组办公室
5	太原	1	太原市会展工作办公室
6	南昌	1	南昌市会展工作管理办公室
7	上海	2	上海市会展促进中心
			上海市浦东新区会展业促进中心
8	广州	1	广州商务会展促进服务中心
9	重庆	2	重庆市商务委会展处（重庆市人民政府会展办公室）
			重庆市会展服务中心
10	深圳	1	深圳市经济贸易和信息化委员会（会展办）
11	北京	1	北京市商务局会展处
12	青岛	1	青岛市会展业发展工作领导小组

续表

序号	城市	政府部门	
		数（个）	名称
13	济南	1	济南市会展业发展办公室
14	临沂	2	临沂市会展业服务办公室
			临沂市促进会展业发展工作领导小组
15	成都	1	成都市博览局
16	南京	1	南京市人民政府会展业办公室
17	西安	1	西安会展业发展办公室（欧亚经济论坛秘书处）
18	昆明	1	昆明会展产业促进会
19	厦门	4	厦门市会议展览促进中心
			厦门市会议展览局
			厦门会议展览事务局
			厦门市人民政府会展协调办公室
20	长春	1	长春市会展管理办公室

（二）行业组织

统计显示，会展行业协会的数量最多，主要承担行业监督者和管理者的角色，为会展行业管理制定规范，建立会展行业资质评审与等级制度，组织开展业务培训等。

据不完全统计，至2020年，所选20个对比城市设立主管展览业（会展业）协会商会或学会共有33个，北京、南京、成都、武汉、郑州分别拥有3个会展业行业组织。其中，中国会展经济研究会、中国展览馆协会属于全国性社团，位于北京。长沙行业组织数量充足，拥有湖南省会议展览业协会、长沙市会议产业协会、长沙市会展行业协会和长沙市展览展示服务行业协会4个相关协会，位列首位。于长沙而言，有效发挥会展业相关协会职能、提升服务水平来促进会展业健康发展是重要选择。

表 2-9　2020 年 20 个对比城市行业组织具体名单

序号	城市	行业组织	
		数量（个）	名称
1	长沙	4[①]	湖南省会议展览业协会
			长沙市会展行业协会
			长沙市会议产业协会
			长沙市展览展示服务行业协会
2	武汉	3	湖北省会展业商会
			湖北省会展经济发展促进会
			武汉市会展行业协会
3	郑州	3	河南省会展业商会
			河南省国际展览协会
			河南会展产业联盟
4	合肥	1	安徽省会议展览协会
5	太原	2	山西省会展行业协会
			太原市会展行业协会
6	南昌		江西省会议展览业协会
7	上海	1	上海市会展行业协会
8	广州	2	广东省会展组展企业协会
			广州市会展业行业协会
9	重庆	1	重庆市会展行业协会
10	深圳	1	深圳市会议展览业协会
11	北京	3	中国会展经济研究会
			中国展览馆协会
			北京市国际会展行业协会
12	青岛	1	青岛市会展经济研究会
13	济南	2	山东省会展行业协会
			济南市展览业协会
14	临沂	2	临沂市会展行业协会
			临沂市会展经济商会

[①] 数据来源：《湖南省会展业发展报告（2020）》。

续表

<table>
<tr><th rowspan="2">序号</th><th rowspan="2">城市</th><th colspan="2">行业组织</th></tr>
<tr><th>数量（个）</th><th>名称</th></tr>
<tr><td rowspan="3">15</td><td rowspan="3">成都</td><td rowspan="3">3</td><td>四川省会议展览业协会</td></tr>
<tr><td>成都市会展联盟</td></tr>
<tr><td>成都市会议展览业协会</td></tr>
<tr><td rowspan="3">16</td><td rowspan="3">南京</td><td rowspan="3">3</td><td>江苏省会议展览业协会</td></tr>
<tr><td>南京市会展行业协会</td></tr>
<tr><td>南京市会展经济研究会</td></tr>
<tr><td rowspan="2">17</td><td rowspan="2">西安</td><td rowspan="2">2</td><td>西安市会展业服务中心</td></tr>
<tr><td>西安市会展业协会</td></tr>
<tr><td>18</td><td>昆明</td><td>0</td><td>–</td></tr>
<tr><td>19</td><td>厦门</td><td>1</td><td>厦门市会议展览业协会</td></tr>
<tr><td rowspan="2">20</td><td rowspan="2">长春</td><td rowspan="2">2</td><td>吉林省会展业协会</td></tr>
<tr><td>长春市会展业协会</td></tr>
</table>

（三）研究机构

近年，我国会展业发展迅速，各地办展数量和规模都大幅度增长，但仍存在不少问题。这些问题的存在促使了各类研究机构的成立，以试图加强对行业发展趋势判断和把握，为会展业发展指明方向。加强对会展业现状分析与前景把握对于解决会展问题、突破会展瓶颈极为重要。

所选的20个城市皆是会展业发展不错的城市，其中上海的领军地位显而易见。上海、北京、长沙是拥有会展研究机构最多的城市，各自拥有4家会展业研究机构。对比之下，长沙会展研究机构的数量虽有4家，但还没有发布具有权威性和影响力的会展研究成果。

表 2-10　2020 年 20 个对比城市研究机构具体名单

序号	城市	研究机构	
		数量（个）	名称
1	长沙	4	长沙会展经济研究会
			湖南师范大学会展研究中心
			中南林业科技大学会展研究中心
			湖南发展研究中心会展经济所
2	武汉	1	湖北大学会展研究中心
3	郑州	0	-
4	合肥	0	-
5	太原	0	-
6	南昌	0	-
7	上海	4	上海对外经贸大学中德会展研究所所
			复旦大学会展与服务经济研究中心
			上海大学会展研究院
			上海第二工业大学国际会展产业研究院
8	广州	1	广州会展经济发展研究中心
9	重庆	1	重庆工商大学融智学院会展研究所
10	深圳	0	-
11	北京	4	北京联合大学会展研究所
			北京二外会展研究中心
			中国传媒大学新媒体研究院会展大数据研究中心
			北辰会展集团会展研究院
12	青岛	0	-
13	济南	1	济南现代会展产业研究院
14	临沂	0	-
15	成都	1	成都大学成都会展经济发展研究院
16	南京	0	-
17	西安	0	-
18	昆明	0	-
19	厦门	0	-
20	长春	0	-

五、人才培养

现阶段，我国各城市会展人才培养主要集中在本科和高职层面，中职和硕士研究生阶段较少。国内高等院校创办会展专业最早开始于 2002 年，至 2020 年，所选 20 个城市累计有 163 所高等院校开设了会展专业，其中本科院校 74 所，高职高专院校 89 所。相较于 2019 年总体数量减少较为明显，主要因为高职院校数量减少了 26 所，本科院校反而增加 3 所。从分布看，广州 26 所、上海 18 所、北京 15 所分列前三。而长沙仅有 6 所，本科院校 3 所，即湖南师范大学、中南林业科技大学、湖南工商大学；高职院校 3 所，分别为长沙商贸旅游职业技术学院、湖南现代物流职业技术学院和湖南外贸职业技术学院。

此外，有部分城市中职院校开设了会展相关专业，如北京、上海等，部分城市开设了会展专业硕士点，如北京第二外国语学院、四川大学，还有一些学校硕士点是开设在相关专业下的会展研究方向，如华东师范大学、上海对外经贸大学等。

表 2-11　2020 年 20 个对比城市累计开设会展专业高校数量

序号	城市	本科院校 数量（所）		高职院校 数量（所）	
		2019 年	2020 年	2019 年	2020 年
1	长沙	3	4	3	3
2	武汉	7	7	8	2
3	郑州	4	4	7	3
4	合肥	2	3	6	5
5	太原	1	1	5	5
6	南昌	1	2	8	4
7	上海	8	8	14	10
8	广州	9	8	14	18
9	重庆	4	4	6	4
10	深圳	0	1	0	0
11	北京	7	7	11	8
12	青岛	0	1	3	2
13	济南	4	4	5	3
14	临沂	0	0	0	0

续表

序号	城市	本科院校 数量（所）		高职院校 数量（所）	
		2019 年	2020 年	2019 年	2020 年
15	成都	9	8	7	10
16	南京	1	1	3	1
17	西安	2	2	5	3
18	昆明	3	3	4	2
19	厦门	2	2	3	3
20	长春	4	4	2	3
21	全国	71	74	115	89

六、小结

综合上述会展城市在发展规模、项目规模、场馆规模、产业管理和人才支撑等五个方面的对比分析，长沙市与其他城市之间存在着一定差距。

（一）发展规模受疫情影响大幅缩水

2020 年长沙展览面积和展览数量均大幅减少，与第一梯队的上海、广州、重庆、青岛、成都等地差距明显，在 20 个对比城市中处在中等偏上的位置，在中部地区排名第一。目前长沙市会展及活动市场主体发展势头总体向好，企业规模方面稳中有升，一批龙头企业加速发展，“会展湘军”正在形成。从 2020 年疫情对长沙会展业的重大冲击可以看出，长沙会展市场的主体仍然处于发育初期，抗风险能力比较弱。长沙本土品牌会展明显不足，长沙会展项目的市场化、规模化、品牌化亟待加强。

（二）展览项目规模居中部地区第一

无论是展览面积前 100 名项目数量，还是在分行业展览面积前 3 名项目数量，长沙市都处在中部地区第一，比较优势明显。纵观近五年长沙展会题材，可以发现其与产业结合十分紧密。长沙 22 条优势产业链为会展项目提供了丰富的题材和强有力的支撑。湖南是农业大省，也是北斗系统重要技术策源地，还是工程机械之都和全国互联网产业第五城，由此形成了系列品牌展会。除了中非经贸博览会，长沙打造了国际工程机械展、国际食餐会、中国轨道交通博览会、中部农博会、中国筑博会、长沙建博会等全国知名展览。

（三）场馆规模逐步完善领军中部地区

长沙已形成“一核两翼多点”的会展业发展格局，各有侧重又全面发展，让不同需求、不同档次的展会在长沙均能找到合适的举办场所。随着长沙国际会议中心建成运营，连同长沙国际会展中心形成“双馆并肩”的长沙会展新城板块格局，助力会展经济进一步高质量发展。与其他城市相比，长沙展馆配套设施欠完善，场馆利用率有待提高，在这些方面，借鉴优秀场馆管理经验是十分有必要的，如利用率排名全国前列的场馆：深圳会展中心、上海新国际博览中心、南京国际展览中心、郑州国际会展中心、临沂国际会展中心等等，对场馆进行重新定位，制定宏观布局和规划，提高场馆经营管理水平。

（四）政府扶植强化但研究机构需优化

长沙市近五年会展业的快速增长离不开政府的大力支持，为会展业发展提供政策法规、环境保证、人力资源教育、规划方案等宏观方面的支持，对产业发展进行规划，宣传和推广会展城市的整体形象，完善基础设施建设，制定发展会展业的优惠政策与鼓励措施，为会展业发展提供良好的政治环境。但相对于上海、厦门、成都、西安、昆明、潍坊这些会展业进入法治化发展新阶段的城市，长沙还有差距。

目前针对会展发展过程中的问题和会展业走势分析的研究机构并不广泛存在，很多城市尚没有会展研究机构。相比上海的4家会展业研究机构与北京的3家会展研究机构，长沙的会展研究机构数量虽然有4家，但是没有产出行业影响力较大的会展研究成果。

（五）人才培养规模逐渐扩大但模式单一

传统的高校培养模式在一定程度上缓解了会展业专业人才缺失的问题，但并不能满足会展市场对会展人才的差异化需求。人才培养模式的单一是众多城市乃至全国会展业发展所共同面临的问题。长沙市会展及相关专业的在校生规模在逐步增加，主要集中在本科和高职院校，在中职和硕士研究生教育阶段尚未开展。在根据市场对会展业人才素质要求的基础上，考虑在政府引导下，将“内培”“外引”相结合，充分用好 2020 新版“人才新政 22 条”，吸引更多优秀高端会展人才落户长沙、服务会展；以院校培养为主体、以企业培训为支撑来进行会展队伍建设，将高校、社会和企业三者结合起来，推动广告、传媒、文印等行业企业形成“会展服务联盟”，满足市场对会展核心人才、会展辅助性人才和会展支持型人才等从业人员的多层次需求。

第三部分　典型会展城市经验

2020 年会展业发展面临前所未有的巨大挑战。在良好疫情防控环境下，全国优秀会展城市持续扩大内需与强化科技创新，会展业呈现逐渐回暖特征。本部分选取上海、厦门、成都、长春、南宁、武汉、郑州七个具有地域特征的代表性会展城市，概述各城市会展业基本情况和发展特点，总结成功经验，为长沙市会展业发展提供参考和决策。

一、上海

（一）基本情况

2020 年，上海市各类展览活动举办数量及规模较 2019 年明显下降，在会展行业发展受到较大冲击情况下，推出会展业地方立法，成就亮眼。

上海会展业上半年出现“停摆”或延期现象，下半年开始全面复苏。据统计，全年共举办各类展览活动 550 场，同比减少 47%；办展总面积 1108 万平方米[①]，同比减少 43%。2020 年 6 月底复展以来，行业迅速复苏，下半年规模恢复到上年同期的近 90%。

上海一手抓疫情防控，一手抓经济发展，经济增长实现了由负转正，呈现出应对风险挑战的强劲韧性和发展活力，会展业行业发展成绩好于预期。

（二）发展特点

在挑战面前，上海会展业建设围绕“十三五”发展目标，迎难而上，不断推动会展业高质量发展。

1. 国际化、品牌化发展成效显著

2020 年《进出口经理人》杂志发布的世界百强商展名单中，按城市分，上海入榜

① 数据来源：《上海会展业发展报告（2021）》。

展览数量有 14 场，展览面积达到了 324 万平方米，同比增加 16.8%[①]，入榜展览数量和规模在全球主要会展城市中位列第一。

上海全年共举办国际展 181 场，展览面积达 874 万平方米，占该市展览总面积的 78.9%，国际展占比较 2019 年提高了 1.5%。举世瞩目的第三届中国国际进口博览会展览面积近 36 万平方米，比第二届扩大近 3 万平方米，参展的世界 500 强和行业龙头企业共计 274 家，累计意向成交 726.2 亿美元，比第二届增长 2.18%。

2. 展览规模快速反弹

2020 年 6 月至 12 月，上海市举办展会面积 1067 万平方米，恢复到上年同期的近 90%。25 个 10 万平方米以上展会均在下半年举办，下半年举办大型会展数量与 2019 年同期持平。第三届中国国际进口博览会和 2020 年中国国际工程机械、建筑机械、工程车辆及设备博览会两个 30 万平方米以上大展均于 11 月成功举办[②]。

3. 线上线下展会有机融合

上海会展业线上线下发展共存互补、共生互进，智慧会展带动上海会展业走向新的高度。数据统计显示，2019 年全年上海有近 20 个展会上线运行，第二十五届中国美容博览会、第二十六届中国国际家具展览会等 10 多个重点展会在办好线下展会的同时，推出了高水平的线上展会，组织境外展商通过“云洽谈、云签约”等方式参与展会，积极开展展会服务模式创新，提高展会数字化水平。

（三）经验借鉴

1. 规范和促进行业发展

上海围绕建设“国际会展之都”的目标要求，从法治层面规范和保障会展业发展，出台多项促进和规范会展业发展的条例和赋能政策。2020 年 5 月 1 日全国首个会展业地方性法规《上海市会展业条例》开始实施，为贯彻落实该条例，上海市商务委会同相关部门制定并发布了《参展合同》《场地租赁合同》等合同示范文本。《上海市促进

[①] 数据来源：《上海会展业发展报告（2021）》。
[②] 数据来源：《上海会展业发展报告（2021）》。

中小企业发展条例》于2020年6月18日修订通过并予以施行[①]。全国首部省级地方外商投资条例《上海市外商投资条例》于11月1日正式实施。这些法律法规的制订和实施对促进行业发展、规范和保障会展活动，强化市场秩序、规范会展主体行为起到了积极促进作用。

2. 发挥进博会溢出效应

第三届进博会在上海成功举办，此次展会增强了全球市场信心，也为国际经贸合作与世界经济复苏注入宝贵动力。

上海市贯彻落实《关于放大中国国际进口博览会溢出带动效应的实施方案》成效显著：首创了“拥抱进博·享购全球”2020上海进口商品节，推出了1.4万款优质进口商品，带动进口商品销售超过9亿元[②]。成功举办“拥抱进博·共享未来”为主题的2020上海城市推介大会，启动上海“一网通办”国际版、“涉外服务专窗”，为外商投资上海助力。利用进博平台做好贸易投资对接，乐高乐园、阿斯利康全球研发中心等11个高能级项目签约落地。作为承接放大进博会溢出效应的常年展示交易平台，虹桥品汇、绿地全球商品贸易港积极地走出上海，迈向长三角，成功推动长三角一体化加速往前跑。

3. 创新数字化会展新模式

上海市国际贸易促进委员会与阿里巴巴集团合作成立云上会展有限公司，发展创新型展会服务模式，打造数字会展新基建，率先探索线上线下融合的云上会展新业态，打造覆盖全行业的云上会展第一平台。云上会展公司搭建全新公用线上基础设施“云上展馆”平台，通过品牌数字化与营销产品化的方式，利用互联网商业模式和运营思维，服务于数字会展，重点服务了上海书展、上海旅游节云游节等20场展会，实现了云展业务开好头、起好步的全国战略。

[①] 资料来源：上海市经济和信息化委员会网站。

[②] 数据来源：《上海会展业发展报告（2021）》。

【典型案例】

全国率先立法规范会展活动①

2020年3月19日，上海市十五届人大常委会第十八次会议表决通过了《上海市会展业条例》（以下称《条例》），于2020年5月1日起施行，这是全国省级行政单位中首个会展业地方性立法。《条例》的出台推动了上海市国际会展之都建设，对上海市会展业发展具有特别重要的意义。

《条例》围绕上海市委、市政府建设国际会展之都的要求，坚持发展导向、问题导向，将进博会的成熟经验和新突破相结合，对该市会展业优化营商环境、赋能行业发展、加强服务保障、办好进博会等方面进行了全面规划设计。《条例》出台多项行业扶持措施，上海市商务委抓紧研究将促进会展业发展的经费纳入上海市区两级财政预算，吸引境内外各类会展企业在上海设立总部并给予相应优惠，支持打造具有国际竞争力的大型会展业市场主体等工作。

由于疫情对会展业发展产生了阶段性影响，上海市有关方面深入开展调研走访，充分利用《条例》出台的机遇，为会展企业排忧解难，进一步提振行业发展信心。

二、厦门

（一）基本情况

厦门滨海且气候宜人，是中国最宜居城市之一，更是理想的商务、会展目的地。来自厦门市商务局的数据显示，据不完全统计，2020年受疫情影响，厦门上半年有近80个展览项目、2000多场会议项目被迫延期或取消，受影响展览面积达80万平方米。

针对会展企业面临的档期、资金问题，以及疫情后的营销启动困境，厦门出台了专门针对会展企业和会展项目的政策措施，帮助企业共克时艰，厦门还着手布局疫后重启，推进会展业立法。随着疫情防控态势的好转，厦门会展业迎来强势复苏，陆续引进中国教育装备展、中国国际广告节等大型品牌展会。

2020年，厦门共举办113个大型展览活动，举办规模以上会议3289场，实现经济效益达176.94亿元，充分展现了特殊时期厦门会展业的韧性和活力。厦门会展业开拓

① 资料来源：中华人民共和国商务部网。

进取，着力打造“中国会展典范城市”。

（二）发展特点

厦门会展业与优势产业集群加深融合互促发展，不断推动厦门产业转型升级，经济发展加码提速。

1. 全面开花，展会复苏拥抱“云端”

2020年下半年，厦洽会、佛事展、厦门国际海洋周、中国电影金鸡奖颁奖盛典系列活动等多场重量级品牌盛会在厦门轮番上演。厦门通过这些重大会议、展会、节庆、赛事等平台的搭建，有效集聚各类信息、技术、人才、资源等要素，实现高质量发展的乘数效应。会议、展览、节庆、赛事、演艺等五大业态的会展业在厦门全面开花，有力证明了城市经济和产业复苏取得良好成效。

与此同时，“云上投洽会”“线上会展周”等展会搬到“云端”，突破时空阻隔，打通了线上线下、国内国外渠道，成为厦门市在疫情防控常态化下的探索和尝试。厦门在创新会展的服务模式上做了一些探索，如打造线上直播基地等，对全国会展业起到创新引领的作用。

2. 强势复苏，政策助力办展招展

2020年，厦门市出台了较多的政策，助力会展业强势复苏。疫情发生后，厦门市出台了专门针对会展企业和会展项目的政策措施《关于应对新型冠状病毒肺炎疫情支持会展企业发展的实施方案》，给予会展企业资金、场地、推广等多方面补助。会展业立法《厦门经济特区会展业促进条例》，不断“对症下药”，积极克服疫情影响，出现会展业复工复产的新面貌。区级层面出台了《厦门市思明区人民政府办公室关于印发思明区进一步加快旅游和文体娱乐业发展扶持奖励若干意见的通知》等政策。这些都对厦门会展业发展起到了帮扶与支持的作用。

3. 深度融合，“1+N”模式服务产业

厦门市依托本地深厚的产业基础，充分发挥会展活动的黏合、催化作用，推动会展业与重点产业融合，为产业强链、补链、扩链。根据厦门市委市政府决策部署，每

一个优势产业都将配套举办一个品牌专业展会和多个国际性会议，形成“1+ N ”模式，通过专业展会的举办带动产业发展，产业发展再反哺会展业的兴旺，使产业与会展融合互促。业内人士分析，厦门市一系列展会将把产业链、供应链重新连接，有力促进经济双循环格局运转起来。

（三）经验借鉴

1. 制定条例规范会展业市场秩序

2020 年 12 月 11 日，厦门市第十五届人民代表大会常务委员会第三十九次会议通过《厦门经济特区会展业促进条例》（以下简称《条例》）。根据《条例》，该市会展业主管部门会同有关人力资源部门建立和完善会展人才使用评价机制，制定会展业人才培养、引进和激励政策；企业引进符合本市需求的高层次、紧缺会展人才，所产生的中介费、住房补贴、安家费等，按照规定可在成本费用列支，引进人才按照规定可享受财税扶持、培养进修、社会保险、医疗服务、子女教育、住房租购、落户等方面的优惠政策；会展业主管部门加强会展业信用建设，与厦门市公共信用信息平台建立网络链接，推动与有关部门监管信息的共享；厦门会展业主管部门发现举办单位、场馆单位、参展单位和会展服务单位存在违反该条例规定行为的，可以会同厦门市场监管等部门约谈有关单位主要负责人，要求其采取有效措施予以整改。

2. 成立机构加快高质量发展

2020 年 6 月，厦门市会议展览局正式挂牌成立。厦门市会展局承担拟定和实施行业规划、行业地方性法规和规章、产业政策和行业标准体系，参与组织、策划、引进会展实体、大型专业展览和大型会议，负责厦门市与国内外的会议展览交流与合作，管理会展专项资金，规范会议展览业发展秩序，牵头会议展览业的相关协调服务等任务。

厦门会展局的成立，标志着厦门会展业正式开启高质量发展的新征程，对优化会展营商环境，提升保障服务水平，强化会展平台与厦门优势产业的融合发展，对引导产业升级，促进创新发展，助力打造“中国会展典范城市”“国际会展名城”及“两高两化”建设起着积极作用。

3. 推动产业构建智慧会展大平台

2020年11月，厦门全新升级“厦门市会展业公共信息服务平台”，这标志着厦门会展业开启云上服务新模式。新模式旨在通过“会展+”模式和“互联网+”模式的融合与创新，加快推动产业转型升级，助推厦门会展业招展引会、招商引资和高质量发展。升级后的新平台打通厦门市产业扶持资金综合管理系统、信用厦门等平台，促进会展业与相关行业的信息共享与互联互通，并可通过远程信息监测和比对，进一步简化会展业奖励资金申请程序，优化扶持办法，有效推进会展业在智慧化应用方面的发展，提高会展业智慧化管理和服务水平。升级的平台将规划开发集会场服务、会展旅游、会务服务于一体的移动应用服务，把厦门市会展业公共信息服务平台打造成为具有厦门特色、全国一流的“厦门智慧会展大平台”。

【典型案例】

高峰论坛论发展[①]

2020年11月28日，由厦门市商务局、厦门会议展览局主办，厦门市会议展览促进中心、厦门市会议展览业协会承办的2020厦门国际会展周高峰论坛在厦门佰翔会展中心举行。主题为“聚焦双循环战略 促进产业会展融合”，500多位会展界及商学研人士共同参与。此次高峰论坛结合目前发展形势与未来趋势，探讨中国会展业在双循环战略下的发展方向。

国际会展周首次规划面积约4000平方米的展区，集中展示厦门会展产业优势、政策环境和品牌企业。论坛上多位与会专家对后疫情时代中国会展业发展持积极态度，疫情过后，全球会展将预计东移来华，以及近期的区域全面经济伙伴关系协定的签订，更多的企业、人才、供应链、产业链进入中国寻求合作，使会展企业有更多的机会。

会上讨论了我国目前会展业面临诸多困难，针对困难提出了解决问题的途径。一要靠内需型展会进行长足发展，二是要做好常态化疫情的思想准备，三是采取抱团取暖的方式，增强抗风险的能力，坚持会展业国际化合作是一个主流思想。会上对双循环战略指出要以国内的资源为主体，立足于产品服务重视进口市场，不放弃国际资源，加速双线融合等技术手段的加持，打破疫情及经济环境带来的物理阻隔，更近距离地

[①] 资料来源：聚鹭话合作 2020厦门国际会展周高峰论坛隆重举行，中国会展公众号，2020年11月。

和国际的买家、采购商进行交流。

三、成都

（一）基本情况

成都是一座朝气蓬勃的会展城市。近年来，成都会展紧紧围绕建设国家中心城市、世界文化名城和国际门户枢纽城市，面向全球搭建投资贸易、资源配置等“五个平台”，推动城市格局全方位拓展和提升。

2020 年，成都共举办线上线下重大展会活动 882 个，会展业总收入 1053.2 亿元，展会成交金额 2258.6 亿元。

2020 年 12 月 11 日，国际会议业 CEO 峰会在成都首次面向全球发布《2020 年全球会议目的地竞争力指数报告》，成都成为前十的会议目的地城市。[①] 中国会展经济研究会发布的“中国最具竞争力会展城市”排名中，成都连续 5 年保持全国第四、中西部第一。

（二）发展特点

1. 会展产业政策精准有效

成都市博览局印发实施《统筹做好疫情防控推动会展经济持续发展的行动方案》（以下简称《行动方案》），多措并举，把诚意和大额度补贴奖励以最快速度送达企业手中。《行动方案》看得准抓得准，除了通行的补贴奖励的大头给主办方，还将主要场馆、会展服务企业、行业协会、产业园区等会展产业链条纳入补贴范畴，以补助补贴的方式支持“线上会展”和举办“线上线下一体化国际性博览会”的企业。《行动方案》中，对项目在给予基本补贴的基础上，分别上浮一定比例给予支持，力度空前，对成都会展业良性发展起到了重要作用。

2. 会展生态圈成效显著

成都会展借由与新经济的亲密互动，逐步建构起产业发展新模式，释放出澎湃新

[①] 资料来源：“全球会议目的地竞争力指数”首次推出，经济日报 - 中国经济网，2020 年 12 月。

动能，成都会展经济产业生态圈已经快速起势、逐步成型，正在推进生产要素高度集聚、配套功能高质集成、优质资源高效集约。2020 年，天府总部商务区等 5 个会展经济产业功能区建设成型、效应逐渐显现，形成“五区”协同差异互动发展格局。通过开展会展经济产业生态圈、功能区产业链招商会和拜访当地企业及行业协会的方式，精准定位、强化对接、深挖资源，促进了会展产业链知名企业和重点展会项目落户产业功能区的作用，推动了会展经济在功能区快速聚集、成链发展的基本态势。

（三）经验借鉴

1. 三“会”五“拼”，赋予城市活力

成都三“会”五“拼”做法起着推动会展业发展的重要作用。三“会”五“拼”具体指的是：“会”聚全球资源、“会”聚创新动能、“会”聚产业成链，“拼”政策、“拼”机制、“拼”创新、“拼”合作、“拼”项目。

成都市人民政府审议通过《成都市培育展会新模式及负增长新动能指导意见》，推荐展会服务模式创新应用场景和创新产品；发布首个《成都会展合作机会清单》，解决以往供需双方对接不畅，及时掌握行业发展机会，推动会展业高质量发展；成都博览局顺应环境变化，及时出台新政策《统筹疫情防控会展活动管理规范》；成都贸促会与眉山市贸促会召开同城化发展会展及对接交流会，推动资源共享；陆续推出 2020 成都美好生活系列会展多场活动，内容涵盖医疗美容、人才乐业、动漫娱乐等类别，逐步激活市场消费、加快行业复苏、刺激经济发展。

成都创新“会展 + 产业 + 功能区 + 投资贸易”一体化发展模式以来，成效显著，2020 年就以赋能 5 个先进制造业、5 个现代服务业和新经济的“5+5+1”现代产业体系为导向，举办产业带动展会活动 272 个、签约重大产业项目 637 个、协议投资额 9218.5 亿元，聚焦 66 个功能区主导产业签约重大展会项目 48 个[①]。

2.“会聚”成渝力量，书写“双城记”强音

中共成都市委十三届七次全会通过了《关于坚定贯彻成渝地区双城经济圈建设战略部署加快建设高质量发展增长极和动力源的决定》，坚定贯彻成渝地区双城经济圈

① 数据来源：聚合共享 跨界融合 成都创新打造会展新经济生态圈，中国网，2020 年 1 月。

建设战略部署，加快把国家战略势能转化为城市发展实效，正式启动“成渝双城记”计划，务实推动成渝相向发展。

成渝地区会展业创新发展大会围绕重点领域、重点展会、重点场馆展开深度交流并力争达成更多新的合作意向，发布成渝地区会展行业合作发展倡议：共建成渝对外开放机制，融合“会展+国际开放”国际展贸交互中心，共享共推成渝展会优势资源、优质名单，共同进行绿色会展办展理念，共育成渝展会优秀人才。组织重庆会展企业实地考察新津区成都会展产业功能区，互相了解会展业发展环境，寻求实质性合作，共促10个项目签约助力高质量发展。这些为成渝“双城记”贡献了精彩的会展篇章。

【典型案例】

成都会展激发增长新动能

近年来，成都锚定国际会展之都，以新发展理念引领会展产业从“新”出发，以发展创新、模式创新、服务创新，为会展注入新活力、释放新动能。

成都会展携手新经济多方出击进行模式创新。面对疫情影响，很多展会利用线上平台进行展示取得不错效果。第九届四川茶博会线下延期，4月18日线上尝鲜。通过与抖音深度合作，帮助四川茶农、茶企全面接入抖音体系，提升网上直播带货能力，通过小程序，茶商与手机前的消费者联系起来……线上茶博会收获了惊喜，720家茶叶企业上线，浏览量超过100万次[①]。“线上小程序+直播+全网络覆盖”，会展+新经济模式，让更多人看到了线上企业参展、客商资源对接、产品推广销售的无限可能。4月30日，成都首届线上家装建材、家具家电博览会采用线上展示、视频直播等新技术手段，48小时内订单成交额约9800万元。5月29日，以“会展，让生活更美好”为主题的2020成都美好生活系列会展采用“互联网+”新模式双线启动。通过新模式的资源应用，整合美食、婚庆、文创、旅游、“成都造”、时尚、出行等特色产品，线上线下同时呈现。

成都会展用创新赋能驱动产业功能区提质增效，加快会展产业与数字经济、智能经济、绿色经济、创意经济、流量经济、共享经济“六大形态”深度融合发展，推动人工智能、5G、大数据、LBS等科技手段在会展领域广泛应用，以创新会展经济发展

① 资料来源：成都会展从“新”出发，《瞭望》，2020年第21期。

新场景、新业态、新模式为路径，促进会展产业转向“聚合共享，跨界融合”的新经济发展模式。

四、长春

（一）基本情况

2020 年 10 月，长春荣膺 2020 年中国最具竞争力会展城市。在中国会展经济研究会发布的《中国城市会展业竞争力指数报告》中，长春位次较 2019 年提升一位，在包括直辖市在内的 125 个城市中排名第 19 位，连续三年领跑东北三省。

2020 年长春会展经济发展呈现了新亮点。在建设长春现代化都市圈进程中，以“一节一展一论坛四会”为主打品牌，全力做大做强会展经济，提升城市的知名度和影响力。长春农博会展览面积 106 万平方米，参展企业 1800 余家，展会期间达成经贸合作项目 29 个，签约金额 44.63 亿元，交易额达到 4.55 亿元；长春汽博会首次采用“主会场 + 分会场 + 线上展厅”的模式，展览面积 20.3 万平方米。全球 150 个汽车品牌参展，线上、线下参展车辆总计 1655 台，售车约 5.2 万台，交易额首破百亿大关，达到 103 亿元。

（二）发展特点

1. 办展环境优化，会展业蓬勃发展

“十三五”期间长春会展业呈蓬勃发展之势，与该市近年来不断优化办展环境、不断推进和完善会展业基础设施建设密切相关。为适应会展业的发展需要，长春国际会展中心、长春农博园等分别对场所软、硬件设施不断改造升级，办展环境得到了持续优化，承载能力越来越强，为长春承接多频次大规模展会和国际会议提供重要硬件保障，奠定了会展业迅速发展的基础。

长春会展主体发生了巨大变化，由最初的单一化向多元化裂变，相关部门、商协会组织、企业等办展热情极高，纷纷加入组织并服务办展，以会展业特有的方式助力长春经济的高质量发展。

2. 产业体系健全，经济发展新亮点

会展业作为长春市的重点产业之一，备受长春市委、市政府高度重视，长春坚持“全域会展”和“产业会展”发展理念，打造“会展 + 产业”“产业 + 会展”全新模式。

会展业除了与汽车产业、制造业和文旅产业深度合作以外，还不断拓展更广泛领域的合作，形成了以五大品牌展会、十大重点展会、四大节庆为带动的会展产业体系，呈现出“资源 + 会展 = 品牌 + 产能”的长春会展经济发展新亮点，成为长春加快现代化服务业发展和长春现代化都市圈建设的新引擎。

3. 人才发展添活力，行业发展势头强

长春市共有 7 所院校开设了会展专业。其中，本科院校 4 所、高职专科院校 3 所，会展专业学生 600 多人。为提升会展人才的业务水平，长春每年都会组织 2 至 3 次“会展大讲堂”活动，邀请专家对在职人员进行培训。近年来，长春会展业正以平均每年近 10% 的速度增长。会展活动的火热，也带动了长春旅游、商贸、物流、文化、体育等行业的发展，形成了相互促进和并行发展的态势。

（三）经验借鉴

1. 科学的统筹领导为会展业发展提供政策保障

长春成立了会展经济工作领导小组，负责全市会展经济的统筹领导、总体调度，在规范行业发展等方面起到了重要作用。在各项展会筹备过程中，长春市贸促会积极协调展馆、消防、媒体等部门做好展会相关工作，并指导其做好疫情防控工作；长春市委组织部给予大力支持，以“第一书记代言”产品进展会系列活动丰富展会内容，扩大连锁加盟创业项目展规模，延长展会宣传半径，将展会宣传辐射到乡镇，使更多的人了解并参与到展会中。“十三五”建设期间，长春市贸促会全力推进会展名企工程，发展壮大会展主体，推进会展人才工程，加快人才队伍建设，推进会展环境工程，为会展业发展营造良好的发展空间，积极构建会展经济发展的管理机制和服务机制。

2. 落地的双循环战略为会展业发展促进市场繁荣

基于双循环经济发展战略，长春会展业在充分挖掘与利用国内市场的同时积极开

辟国际市场。2020 年，长春进出口、利用外资等指标全面领先东北主要城市，跑赢全国平均水平。统计数据显示，2020 年全市新上外资项目 30 个，总投资 24.15 亿美元，实际利用外资同比增长 15.1%。成绩的背后是长春优势产业借力双循环，在全球优化配置资源中加快转型升级的创新实践。

3. 友好的交流合作为会展业增势赋能创建发展平台

浙江是吉林的对口合作省份，吉、浙两省数字经济领域专家学者、企业代表、行业精英等围绕"增势·赋能"这一主题，通过数字新浙商长春行、学术调研、高峰论坛、项目合作等形式，立体、全面、深入地促进吉、浙两省在数字经济领域的合作，吸引更多的浙商资源特别是数字浙商走进长春、扎根长春，共同打造吉林"产业 + 数字经济"的标杆项目。在全面深化吉、浙交流合作同时，起到了服务国家建设网络强国、数字中国发展战略作用，促进长春数字经济高质量发展，助力老工业基地"数字化转型"，为会展业增势赋能创建发展平台。

【典型案例】

吉、浙跨区合作谈创新[①]

2020 年 9 月 16 日，由吉林省科技厅、浙江省科技厅联合延边州人民政府共同举办的"2020 年吉林省 - 浙江省跨区域科技创新合作大会"在珲春市召开。本次大会以"创新、合作、发展、共赢"为主题，加快推进部省会商重点任务，加快实现吉、浙两省科技创新合作协议落地，加快促进吉、浙两地科技创新资源跨区域精准对接，共吸引了 200 余名吉、浙两省科技界代表参加，其中浙江省代表团人数 90 余人。

会上，两地政府部门、高校院所和企业间的 11 个科技合作项目完成现场签约，发布了 400 余项来自吉、浙两省的优质科技成果。会议邀请多位专家展开论坛交流，安排了项目路演推介、科技招商等活动。自 2017 年 3 月，吉、浙两省对口合作机制不断完善，浙江经验在吉林开花结果，重大项目合作成效显著。两地通过举办跨区域科技创新合作大会，促成 60 余个科技成果和技术团队与企业实现精准对接，共同建立的长春新区"吉、浙产业园""一亿中流上市加速器 • 长春园区"成为两省科技产业合作的重要平台。

[①] 资料来源：衢江市衢江区人民政府网。

五、南宁

（一）基本情况

近年来，南宁市积极推动会展业高质量发展，南宁国际会展中心、广西农业会展中心、广西展览馆和中国－东盟商品交易中心逐步形成细分定位、良性竞争的“一主三辅”会展场馆新格局，南宁市展馆建筑面积超过 40 万平方米，室内展览面积超过 14 万平方米，已具备承办较大规格国际国内重大展会的实力；成功举办中国－东盟博览会、中国－东盟商务与投资峰会、亚洲国际集邮展览、中国－中亚合作论坛、亚信金融峰会等一系列高峰论坛和展览会议，“南宁会展”的知名度和影响力进一步扩大。2020 年，南宁市荣获“中国最具竞争力会展城市”称号，这是南宁市首次获此殊荣。

（二）发展特点

1. 区位优势明显，会展业多元发展

南宁毗邻粤港澳，背靠大西南，面向东南亚，具有“近海、近边、沿江、沿线”的区位优势，南宁成为中国与东南亚各国之间双向进入最便捷的通道口。随着国务院发布《北部湾城市群发展规划》，将南宁定位为面向东盟的核心城市，支持建成特大城市和边境国际城市。优越的地理位置为南宁发展会展经济并以会展业带动城市发展奠定了扎实基础。中国东盟自由贸易区和中国东盟博览会永久落户南宁，为广西提供了进一步扩大对外开放合作平台。东南亚各国及国内各地经济与文化的逐渐交融与渗透，使得广西会展业向着多元化和纵深发展，并保持平稳发展态势，促进了相关产业蓬勃发展。

2. 民族文化有特色，文旅融合促发展

南宁紧紧围绕新时期民族工作主题，以全面落实强首府战略为契机，推进广西“建设民族文化强区”，多措并举助推民族文化与旅游产业融合发展。

南宁每年举办的国际民歌艺术节影响力大、范围广，为南宁打出闪亮招牌，南宁的知名度和美誉度得到不断提高。如武鸣“壮族三月三”歌圩暨骆越文化旅游节举行丰富多彩的活动欢度传统节日。此外还定期举办少数民族传统体育运动会、少数民族

文艺会演、民族服饰创意大赛等民族文化活动。马山县文化旅游美食节、邕宁区壮族八音文化艺术节、良庆区香火龙民俗文化旅游节、嘹啰山歌文化旅游节等少数民族节庆文化活动，不仅能继承和弘扬广西各民族的优秀文化，提升民族文化自信，还向广大民众展示了极具有南宁特色的多民族文化。

（三）经验借鉴

1. 聚焦政策明确任务，促进会展经济复苏

《南宁市人民政府关于进一步促进会展业高质量发展的实施意见》（以下简称《实施意见》）于 2020 年 5 月颁发。《实施意见》从打造会展城市名片、提升会展服务能力、培育壮大会展主体、引进知名展览会议、推动会展跨界融合和规范会展行业管理等六个主要方面出发，对加快促进会展经济复苏，推动会展业高质量发展给出指导性建议和扶持政策。

《实施意见》明确七大支持政策。如首次办展或者展览面积在 2 万平方米以上，南宁市将按照展览服务费 50% 的标准给予梯度支持，最高不超过 50 万元。此外还将鼓励县区、开发区依托优势产业发展节会经济，每年根据各县区、开发区展会举办情况给予最高不超过 20 万元的资金支持，重点打造特色品牌节庆、展会、会议活动。《实施意见》重点实施“会展 +”战略，紧抓会展经济的溢出效应，以“展”促“产”，探索“会展 + 招商 + 产业”和“会展 + 跨电 + 保税”等创新措施；以“展”引“聚”，整合会展业大数据生态圈，推动会展产业向新经济形态转变，培育区域经济发展新引擎新动能。

2. 统筹落实保障措施，制定高质量发展目标

强化组织领导方面，由市政府主要领导担任市级会展业高质量发展工作领导小组组长，成立市会展事务管理办公室，统筹协调全市会展业高质量发展工作；强化资金保障方面，设立南宁市会展业高质量发展专项扶持资金（每年统筹安排 3000 万元），统筹全市各行业办展办会、参展参会、节庆赛事以及现代服务业发展资金和商贸服务业发展专项资金等财政性资金，大力支持南宁市会展业高质量发展。

强化人才培养方面，充分发挥首府人才聚集效应，密切与高等院校、专业培训机

构的合作，重点培养面向东盟会展专业人才；强化营商环境方面，深化行政审批制度改革，探索推进会展审批备案管理“一站式”服务；强化目标考核方面，将会展经济高质量发展工作纳入全市绩效考核范围，分解目标任务，定期督查，年终考核。

到 2025 年，形成具有核心竞争力的会展经济产业体系，全市会展业直接收入达 50 亿元以上，年均增长 20% 左右，间接拉动相关服务业收入超 500 亿元，把南宁打造成为面向东盟的国际展会集聚区、中国－东盟和中南、西南地区重要会议目的地。

【典型案例】

民族艺术节“云端”开唱[①]

2020 年 11 月 28 日，第 22 届南宁国际民歌艺术节“大地飞歌 · 2020”晚会通过电视、广播、网络等平台精彩呈现。晚会由南宁国际民歌艺术节组委会主办，南宁威宁投资集团有限责任公司、南宁大地飞歌文化产业集团有限责任公司承办，南宁大地飞歌文化传播有限责任公司协办。

晚会以“为美好歌唱”为主题，分“幸福小康年”“红色新乐章”“海上听潮音”三大篇章，呈现南宁元素、民族元素、时代元素，将人民幸福生活、南宁故事、抗疫精神、中国与东盟国家友好情谊等元素以原创、改编等多种形式进行表达，大力弘扬中华民族优秀传统文化，展现南宁蓬勃向上的城市发展前景，演绎中国与东盟国家、“一带一路”参与国家的友好情谊。

晚会积极融入各类大型艺术活动“云端化”的趋势，提出打造“云上民歌节，网红打卡地”的全新理念；晚会现场与分会场进行“云”合唱“云”共舞，诠释天下民歌眷恋的地方、绿城处处都是歌的美好景象；来自东盟各国的表演者们与晚会实现“云”互动，展现万水千山不能阻隔的绵长友谊。

六、武汉

（一）基本情况

武汉是湖北会展业发展的中心城市，也是国内重要的会展城市。疫情发生以来，武汉各行业发展均受到影响，会展业所受到的影响更大，武汉大部分场馆被征用为方

[①] 资料来源：为美好歌唱 “大地飞歌 · 2020”晚会精彩纷呈 . 人民网－广西频道，2020 年 11 月 29 日。

舱医院，人员不能聚集，各类展会无法开办。从 2020 年 1 月 23 日武汉“封城”算起，历经了 70 多个昼夜，武汉会展业才拉开了重启的序幕。

作为企业聚集、经济活跃的中部特大都市和建设中的国家中心城市，武汉发展态势迅猛，区位优势突出、政策推进有效、科教资源丰富、人文底蕴深厚成为武汉会展业复苏的重要支撑。

（二）发展特点

1. 疫后产业重启，云端展会发力

面对疫情，武汉会展业思索出路，线上云端展会、直播营销产品成为最直接、快捷、有效的方式。通过与腾讯直播、集客魔方签订战略合作协议，利用直播平台以及商城展出商品，以直播作为渠道，通过“网红”带货，解决销售问题。社区线上社群营销也是关键一招，选择 100 个大型小区，选择一些有经验的、有号召力的居民担任商品团购的团长，通过组建微信群、QQ 群的方式，在群里向居民们推荐性价比较高的企业产品，形成一条完整的展销链条。

2. 三大资源优势，成为产业重要支撑

武汉的区位优势、产业优势和科教优势是武汉会展业持续发展的生命力，也是武汉会展业发展的重要支撑。第一，区位优势：武汉是中国内陆最大的水陆空交通枢纽，距离北京、上海、广州、成都、西安等其他重要城市均在 1000 公里左右，方便人员往来、物资交换和信息交流。武汉及湖北作为中国经济地理的心脏，具有承东启西、沟通南北、维系四方的作用。第二，产业优势：武汉具备产业均衡发展的优势，如汽车、纺织、钢铁、光电子信息、医药健康、装备制造等产业在武汉均有实力不俗的规模，带动商业贸易极其活跃，产业的均衡发展对会展业来说是可持续发展的强大动力。第三，科教优势：武汉市的科教综合实力在全国位居前列，高校数量众多且具有大量实力雄厚的独立科研院所，庞大的人才基数成为武汉会展业发展的人力、智力支撑。

（三）经验借鉴

1.“一会一展”，助力武汉加速重启

为助力武汉经济重振、会展业重启，第十四届中国品牌节年会和第十八届华中国际汽车展（简称“一会一展”）分别于8月上旬和中旬在武汉举办。“一会一展”是武汉自重启以来在线下举办的规模盛大的品牌会展，对武汉市扩内需、促消费、活跃市场、提振信心等起到积极示范作用。“一会一展”共同按下武汉会展行业的加速重启键，把蓬勃发展、不断创新的武汉品牌推广给全国及世界，把韧性十足、充满活力的武汉重新展现在世界面前。

2. 从“暂停键”到“刷新键”，利好消息提振士气

一手紧抓疫情防控，一手保障复工复产，武汉市会展行业持续复苏，多项利好消息提振行业士气，迅速按下“刷新键”。

2月，武汉国际会展中心被征用设立江汉方舱医院，在疫情期间共收治轻症患者1848人。4月，江汉税务主动为企业服务，为会展中心减免房产税348.23万元，减免土地使用税17.43万元，大大缓解因疫情造成的损失，在特殊时期给企业暖心减负。

从成功举办“一会一展”到第二届世界大健康博览会、首届大学生艺术博览会、2020世界区块链大会等大型展会活动的落地，从中国光谷科技会展中心正式成为ICCA和UFI双会员单位到武汉天河国际会展中心的破土动工，国际会展商务新城的大力建设，无一不预示着武汉展会品牌的凸显、市场主体的壮大和硬件设施水平的切实提升，这一系列利好消息也预示着武汉会展业已经回归正轨。

【典型案例】

武汉打造世界级会展中心[①]

2020年9月，占地3600亩的武汉天河国际会展中心正式开工，该中心作为全球已披露的室内净展面积最大的会展项目选址武汉临空副城核心区域——武汉空港国际商务新城。作为武汉空港国际商务新城起步项目，武汉天河国际会展中心及配套项

① 资料来源：武汉市黄陂区人民政府网。

目预计总投资500亿元，计划三年左右建成，打造武汉会展经济新地标，世界级会展新高地。

根据规划设计方案，该会展中心场馆及核心配套项目建筑规模120万平方米，包含90万平方米会展功能，30万平方米酒店、会议、商业、办公等会展配套功能，规划建设对标比肩上海虹桥国家会展中心、迪拜世界展览中心、拉斯维加斯会展中心等世界会展标杆，将成为中部最大、全国前三的会展中心。

以武汉天河国际会展中心规划建设为起点，未来武汉将依托武汉天河空铁综合交通枢纽，建设世界级综合性会展中心，作为未来承担国际、国家级重要展会的主场馆，是武汉市加快建设“一都一枢纽、两城四中心”，推动现代服务业创新升级，打造世界级会展中心的重要抓手。

七、郑州

（一）基本情况

交通优势显著，人力资源充沛，市场辐射范围广，人流物流集聚能力强，是郑州得天独厚的会展业基础。会展业已经成为郑州对外交流的重要窗口、经济发展的重要引擎，多次被评为全国优秀会展城市、中国会展名城、中国最佳会展目的地城市等，已经形成了梯次分明的会展项目体系。

郑州市场主体不断壮大，商务部重点联系企业达到33家。国际交流合作不断加强，与东盟地区合作成立中国－东盟会展行业合作委员会，在品牌营销、国际展引进、国际化运营等领域开展多层次的深度合作，UFI和ICCA会员也在不断增加，与国际会展机构建立紧密合作，向国际化迈出坚实步伐。

（二）发展特点

1.“十三五”期间发展态势强劲，整体实力中部领先

近年来，郑州会展业以“稳增长、重质量、全业态”为发展原则，实现持续稳定增长，整体实力已位居中部领先地位。目前初步估算，“十三五”期间，郑州专业场地举办规模以上展览1040场，累计展览面积1219万平方米，其中经贸类展会占比62%，市场化占比94%，主要指标连续多年位居全国前列。受疫情影响，2020年郑州线下会

议展览活动暂停近半年时间，在各级政府部门和广大会展从业者的共同努力下，6月8日和6月12日分别在郑州中原国际博览中心和郑州国际会展中心举办首展，郑州成为国内第3个恢复办展的城市，会展业在提振公众信心、促进消费复苏方面发挥了重要作用。2020年，郑州单个会展项目平均展览面积1.2万平方米，3万平方米展会数量增长了40%，开启了“十四五”郑州会展业发展的新起点。

2. 集聚优质资源，构建核心竞争力

便利的交通环境和产业聚集，是郑州会展业发展的核心竞争力。区位交通优势历来是郑州的传统优势，它是全国12个最高等级国际性综合交通枢纽之一、全国普通铁路和高速铁路网中唯一的“双十字”中心、全国唯一的“米”字形高铁网络也即将成形。郑州机场是国家一类航空口岸、中国八大枢纽机场之一、四大货运机场之一，货运运力、全货机航线数量、航班量及通航城市数量均居中部第1位、全国第7位。郑州也是国家重要的干线公路枢纽，拥有全国密度最高的高速公路网。同时，海上“丝绸之路”越来越通达。郑州是内陆地区口岸数量最多、种类最全城市，为国际化展会活动提供了新平台和新载体，郑州将深度融入“一带一路”沿线国家，积极搭建会展平台，推进国际合作。

此外，郑州具有电子信息、汽车及装备制造等6大主导产业。未来，将围绕电子信息、现代食品、无人驾驶、人工智能等领域，策划在国内国际有影响力的会展活动，实现会展与制造业高效联动、高质量发展。

（三）经验借鉴

1. 政府制定扶持政策，广开渠道加大奖补

按照市委、市政府统一工作部署，起草制定了《郑州市关于促消费增活力稳增长的若干举措》会展方面扶持政策，支持会展经济持续发展，鼓励开展各类线上线下产品专项展销会，畅通产品产销渠道。对新创办、新引进的展会项目，创新建设信息平台、创办网络虚拟展会的企业加大奖励力度；对上半年因疫情延期或合并的展会给予场地费补助。同时，落实“促消费增活力稳增长”若干举措，制定支持会展经济发展的实施细则，指导会展企业做好相关项目的申报工作。

2. 充分发挥协会作用，促进行业经济复苏

2020年，郑州会展行业协会带领广大会员单位凝聚行业力量，积极出谋划策帮助会展企业共克时艰复工复展，调研整理出《郑州市会展行业疫情影响报告》提供给政府决策部门；积极整合社会资源，先后与河南日报报业集团大河传媒、河南广电大象融媒体、省农业厅绿色食品鉴定中心、郑州市酒类行业协会、驻马店市政府等合作，开创“传媒+会展+产业”“会展+酒业”“品牌展会+机构”等合作模式，全方位多渠道拓宽协会发展空间；与杭州市会议展览业协会签署战略合作协议，加强两地会展业交流合作，为河南会展业走进“长三角”觅得先机；与河南省商务厅博览事务局联合开设“河南会展业网络大课堂”，搭建人才培养与发展互助平台，为发展赢得先机。

3. 成立黄河流域会展联盟，推动行业高质量发展

12月23日，青海、宁夏、四川、陕西、山西、河南、山东、内蒙古、甘肃九省（区）在郑州宣告成立黄河流域会展联盟（以下简称“联盟”）。联盟发布了《黄河流域会展联盟章程》，以“创新、开放、合作、发展”为宗旨，本着“搭建平台、资源共享、共谋发展”的原则，积极发挥国家中心城市的引领带动作用，汇聚社会各方力量，打造一个多维辐射、综合服务的开放式合作平台，实现资源共享、信息共享、理念共享，提升黄河流域会展业的综合服务能力，助推会展行业高质量发展。沿黄流域会展业将加强联合与协作，实现城市互动、区域互动、产业链上下游互动、互联互通、优势互补，推动黄河流域会展业向规范化、品牌化、国际化的方向发展。

【典型案例】

中国（郑州）会展主办方大会首次在郑州召开[①]

2020年12月22日至24日，由中国会展经济研究会、郑州市商务局、郑州市会展业促进中心联合主办的2020中国（郑州）会展主办方大会暨黄河流域会展联盟成立大会已圆满落幕，本次大会以“探索新模式、构建新生态”为主题，探讨新形势下会展生态环境打造与服务创新、会展跨界融合与模式创新等，主要包括主题大会、对话会、会展业“十四五”展望与战略研讨会、黄河流域会展联盟议事会、展示交流等

[①] 资料来源：2020中国（郑州）会展主办方大会圆满落幕 成果丰硕，郑州市商务局网，2021年1月。

内容。本次活动内容丰富、成果丰硕，得到了与会各方的一致肯定和好评。

会议期间国内会展业顶级嘉宾、知名会展主办方、全国各地会展代表汇聚郑州，中国国际贸易促进委员会原副会长王锦珍、中国会展经济研究会会长袁再青等领导出席活动并为大会致辞；3 周时间共有 425 家企业、500 多名代表积极报名参会，线上直播点击量达到 115 万人次。本次活动上成立了黄河流域会展联盟，促成了一批项目合作落地，还有诸多会展机构通过活动建立了联系，将持续开展联系交流，共同开启会展交流合作新开端。

第四部分　不足与建议

突如其来的新冠肺炎疫情给会展业带来巨大冲击，面对严峻的形势会展业发展需要重新破局。立足疫情防控常态化阶段发展所需，树立业态发展新思路，服务新消费、新业态、新经济发展，长沙会展业要进一步健全政策法规体系，加大培育会展市场主体，形成会展产业良好发展生态链，打造具有国际影响力、竞争力的会展品牌，创新展会服务模式，提高会展专业教育质量，从而高质量推动长沙会展行业稳定发展，成为助力长沙经济高质量发展的关键动能。

一、主要不足

（一）政策法规体系需进一步健全

政策法规是保证会展行业有序规范发展的先行条件。长沙在逐渐完善会展业发展进程中先后出台了《长沙市会展业促进办法》《长沙市会展业发展三年行动计划（2018—2020）》《长沙市会展业发展规划（2018—2022）》等政策文件。文件政策的出台既指明了大力发展会展产业对于长沙城市建设的重要作用和发展方向，也显示出长沙会展产业发展还存在一些薄弱环节。政策文件的出台对长沙会展业发展起到了良好的促进作用，但尚未形成从立法到规章制度完善的法规体系。从全国范围看，西安、昆明、潍坊、厦门几个城市陆续出台《会展业促进条例》，会展强市上海市也于 2020 年率先出台全国首个会展业地方性法规《上海市会展业条例》，从而从法律层面给予会展业发展有效规范的法规保护。长沙市急需集聚全市行业智慧，充分听取会展企业和行业协会意见，征询优秀专家建议，出台一系列符合实际、更具针对性的政策法规，逐步建立以《长沙市会展业促进办法》为基础的一整套涵盖会展扶持、会展服务、会展管理的政策法规体系，形成长沙会展业发展的良好法治环境。

（二）主体培育力度需进一步加强

1. 会展企业少龙头

当前长沙会展市场主体缺乏龙头企业带动，业务拓展能力、资源整合实力、综合服务水平难以满足长沙会展业快速发展要求，制约了全市办展质量和品牌形象的提升。从产业资本看，传统会展企业多是轻资产企业，资本积累薄弱，制约了会展企业的人才吸纳和跨界资源整合能力。截至 2020 年底，长沙仅拥有湖南华凯文化创意股份有限公司一家中国上市的展览公司，长沙国际会展中心、湖南亚洲湘会展有限公司、湖南中南国际会展有限公司和湖南红星国际展览有限公司等四家 UFI 认证企业会员，尚无 IAEE 认证的企业会员，相对于上海 29 家、北京 28 家、广州 18 家、深圳 14 家 UFI 认证企业会员的数量还有极大的提升空间①。

2. 产业链条欠整合

会展业是地域资源要素优化配置的特色化平台，供需商务集聚，不仅涉及面广、产业链长，而且辐射带动作用大。长沙会展产业链自身还不够完善，从展会搭建、信息咨询、广告宣传、展品运输、宾馆酒店、旅游票务等囊括会展上中下游的完整产业链来看，还不能满足长沙日益发展的会展产业要求，会展服务体系的行业配套、协作紧密、运行高效的联动服务能力有待加强。会展活动中展、会、节、演、赛各类活动类型发展还未齐头并进，根据 2020 年度各类会展活动项目统计表显示，办展项目数量独领风骚，作为文化之都，长沙演艺项目活动数量排名第二。虽然已有“一核、两区、三中心、多亮点”的布局规划，但会展公共服务部门鲜有集中办公，目前全国首个会展产业服务聚集区——浏阳市普迹镇文创会展产业园项目还在建设中。会展积聚区的规划建设脚步还需加快，会展服务效率较低，服务成本偏高，距离会展产业生态化良性发展目标还有较大差距。

---

① 数据来源：《2020 年度中国展览数据统计报告》。

（三）品牌竞争实力需进一步提升

1. 有竞争力的会展品牌有限

长沙经过多年的培育，拥有了一批标志性会展，如中国金鹰电视艺术节、中国（浏阳）国际花炮文化节、长沙橘洲音乐节、中国中部（湖南）农业博览会、长沙国际工程机械展览会、国际稻作发展论坛等，但还是在国际上的影响力有限。在2020年规模前100的展览项目中，长沙市仅占有3项[①]，而目前永久落户、品牌影响力较大的展会数量也有限。大型品牌展会项目基本为政府主导型会展，对政府资金扶持和行政手段运用的依赖度非常高。会展项目的规模化、品牌化、市场化亟待加强，与长沙“打造中部会展高地，建设国家会展名城”的战略目标还有一定差距。

2. 开发地方特色资源品牌有限

“中部崛起”“一带一路”发展战略的实施，推动中部大省湖南融入长江经济带和沿海开放经济带。省会长沙有着丰富旅游文化资源和日益发展起来的产业优势，现在更是具备了会展产业发展得天独厚的区位优势和国家政策发展优势。但目前长沙的地方特色资源和产业优势的挖掘还欠深欠广，如网红长沙地方特色的文创品牌、红色旅游展会、文化节庆之都等，许多特色资源并未转化为会展项目，会展项目还未向会议、节庆延伸。未来更应着力培育拥有自己的品牌会展，打造长沙会展的核心竞争力品牌，标志性的会展项目还有待加强和丰富。

（四）展会服务模式需进一步创新

数字会展是大势所趋，也是创新会展服务新模式的迫切要求。在《长沙市会展业发展规划（2018—2022）》里就提到要“坚持传统展览与新兴会展相结合”，也已经开展数字会展的创新和实践。2020年长沙很多会展活动在组展、办展过程中融入了科技因素，如中国（长沙）国际汽车博览会在疫情防控中所采取的科技手段，第十八届（2020）中国畜牧业博览会的现场直播。但总体来说真正高水平的数字会展不多，实现与信息化技术跨界融合的会展不多，没有形成项目组织管理、企业经营服务、展会活动展示、

[①] 数据来源：《2020年度中国展览数据统计报告》。

展会活动评估全方位数字化、信息化的过程，未来还需积极探索会展业与互联网、云计算、大数据、物联网、人工智能、虚拟现实等元素点结合，全面提升长沙会展的科技含量和产业平台信息化建设。

2020 年 9 月，中国（湖南）国际绿色发展博览会在湖南国际会展中心成功举办。绿色会展无疑是会展未来发展之潮流，概念范围也相当广泛，包括从场馆布局建设到展台设计，从初期策展到组展、办展、展后评估的会展全产业链全过程中始终贯穿绿色低碳环保理念和可持续发展理念。显然，目前大部分的办展距离真正意义上的绿色会展还有一定差距，要大力加速推进节能、环保、绿色低碳办展办会，推动会展行业绿色发展。

（五）产业国际影响需进一步扩大

打造一批国际品牌会展、走品牌化发展道路是会展业高速发展的必然选择。会展是消费和生产型服务行业，专业会展服务与产业发展。近年长沙会展业围绕产业做会展，国际化脚步日渐加快，出现了像中非经贸博览会、中国工程机械展览会这样具有一定国际影响力的会展品牌，2020 年车展的率先复展更是为全球提供了疫情常态化下办展的可复制经验，具有全球轰动效应。但现有国际影响力的品牌会展项目数量有限，持久落户的更是少数，与跻身世界商展百强中国展会榜上的北京、上海、广州、深圳、厦门等地，长沙还有很大的提升空间。目前引进的高水平国际展览公司数量还不多，不能为本土会展企业提供专业化运营和服务的范本，从而无法快速带动本土会展企业的专业化发展和服务水平提升。

（六）人才支撑力度需进一步加大

长沙现有会展企业缺乏高层次的具有国际视野和会展专业理论及实践的策划管理人才。行业组织和专业培训机构有开展对会展业人才培训，但欠规范、系统、全面；长沙市域范围内高校有六所高等院校开设会展经济与管理（本科）或会展策划与管理（高职）专业，硕士点开设仅有两所本科院校的专业方向，中职专业教育存在空缺，会展课程专业性较弱，会展人才培养体系性较差；目前有四家专门会展科研机构，中间有两所依托高校会展专业建立。

二、发展建议

（一）健全会展法规体系，优化会展政策环境

1. 完善政策法规体系

借鉴国内已有会展行业相关条例地区的经验，从服务与保障、规范与管理、法律责任等方面尽快出台《长沙市会展业发展条例》，以法律保障形式规范会展业良好有序发展。对标最优者，完善长沙市会展产业从立法到规章制度的政策体系，从而更好地规范会展活动、维护会展活动各方主体合法权益，赋能长沙会展产业有序良性快速发展。

2. 完善政策法规内容

对比会展行业发达省份和地区，借鉴它们已有的法规政策，尽快完善市内政策法规内容，如会展项目引进与培育奖励办法、会展业数据上报制度、市场准入制度、主办者和服务商资质条件评定标准，加快修订推广展馆管理、经营服务、绿色节能环保、安全运营等标准，尤其是针对疫情时期办展的安全管理办法等政策内容，逐步形成面向市场、服务产业、主次分明、科学合理的展览业标准化框架体系。研究长沙会展经济优势和城市特色，制订会展业十四五发展规划和高质量发展的路径与措施，对接全省会展业发展规划内容，明确会展业的发展路径和发展重点。

（二）创新升级市场主体，完善产业生态发展

加强各类公共服务提供，从政府部门、行业协会、科研机构多管齐下帮助会展主体强基础、练内功、促转型，通过政策引领、经费扶持、管理与技术创新提升、结合地方优势和特色产业创新创建平台项目整合会展产业资源，形成企业、产业、产业链、产业生态的良性发展，创建有影响力的会展湘军。

1. 壮大做强市场主体

首先，依托原有产业优势，结合长沙新兴发展的22条产业链，以产业发展带动会展办展办会，以会展办展、办会为产业发展搭建平台，形成强强联合发展。其次，

通过公共财政资金引导，整合会展场馆、配套酒店、组展机构、会展服务机构等资源，组建会展集团，打造全国性龙头企业。最后，着眼疫情常态化下会展新模式的创新，打造更多信息化办展主体。创新“云”会展模式，推动线上线下展会融合发展为导向，探索实施云展会、云会议、云展台等数字展会项目，使原有实力较强的市场主体多渠道创新办展模式，实现长沙会展线上线下联动的新局面，继续扩大办展规模和规格。

2. 支持中小企业发展

会展产业生态圈中，既有办展的中小会展企业，也有不少展会服务商的中小企业，也是会展产业生态圈中重要一环，按照“政府引导、市场运作、政策扶持、创新引领”原则，引导中小企业逐步走向专业化、市场化，不断提升市场竞争力。如提升银行中小微企业金融服务能力，制定推进普惠金融高质量发展的实施意见，继续支持小微企业贷款增量扩面和结构优化；加大中小会展企业人员信息化技术培训，帮助中小企业发展另辟蹊径，等等。

3. 构建产业生态体系

（1）完善会展片区配套建设

提升会展服务效率，推进会展场馆周边写字楼、酒店、餐饮、文娱、购物、停车等配套设施建设，进一步整合场馆资源，完善会议、住宿、宴会、演艺和休闲等一体化功能。以长沙国际会展中心为核心，高水平建设会展集聚区，着力提升服务质量水平，努力打造大型会展集散地、中高端会议举办地。推进会展场馆周边配套设施建设，提升城市软环境吸引力，提高会展配套服务的便利性、高效性、人文性。通过浏阳普迹中部文创会展产业基地“一基地多区域”建设模式，重点推进会展服务企业、会展创新孵化、会展技术创新、会展产业发展基金、会展产业联盟、会展产业峰会等重点服务功能和产业平台建设，逐步形成以大型会展企业为龙头、中小企业为主体、相关企业为配套的会展生态体系，打造具有全省辐射力的功能完善、业态完整、联动高效的会展产业生态圈。

（2）推进会展产业生态圈形成

促进会展产业内部协调发展，推动产业链上下游融合发展。建立会展业发展基金，加强行业协同和公共应急防控能力提升，帮助做好展会项目推广，提供法务和金融咨询服务。不断完善会展产业链，带动相关产业发展。构建立体交通系统、城市慢行系统、会展经济生态链系统、城市呼吸系统和地下管廊系统。推进数字会展、绿色会展，提升专业化、市场化、国际化、智慧化和绿色化水平，奋力打造全省辐射、功能完善、业态完整、联动高效的会展产业生态圈。

（三）坚定品牌会展信念，丰富创新会展品牌

1. 树立牢固品牌化会展信念

紧紧把握国家支持中西部地区发展和产业转移的重大机遇，全面梳理产业会展项目，牢固树立品牌化的发展信念，坚定走品牌化道路的决心，深化品牌培育工程。国家“十四五”规划已经把进博会、广交会、服贸会定位中国对外开放的三大国家级会展平台，也提及基础产业、新兴产业、消费产业等诸多国民经济领域重要会展活动。长沙会展业要坚持以产业带动会展，以会展促进产业，瞄准长沙市 22 个新兴及优势产业链，特别是围绕建设国家重要先进制造业中心、国家科技创新中心、内陆地区改革开放引领城市的部署要求，精准对标、精准施策、精准发力，提升会展业与产业资源的积聚水平，使会展业与产业互利互补，相得益彰。

2. 巩固原有品牌化产业会展

抓住长沙自贸区获批的有利契机，大力发展产业会展，尤其是符合长沙战略性新兴产业发展方向的重要会展项目。长沙以制造业为产业优势，包括工程机械、轨道交通等产业。围绕产业发展会展，可以利用好城市资源，产业发展的成功举办和运营可反哺产业发展，同时可积聚各生产要素推动产业链的完善，为企业品牌化发展发挥有利作用。长沙会展业需合力办好紧紧围绕工程机械、先进计算、航天航空、人工智能、新能源及智能汽车等新兴产业融合发展的展会，继续办好中非经贸博览会、轨道交通博览会、矿物宝石博览会、食品餐饮博览会等现有品牌展会，进一步整合资源，做强做大做精，巩固扩大产业展会的影响力，为走向国际化奠定基础。对于茶博会、建博

会等有待提升空间的展会品牌，在项目策划、招商招展、专业化提升上加强指导，提升品牌价值，扩大影响。

3. 创新本土品牌化产业会展

借力地方品牌特产，充分发展地方特色，依托中国（浏阳）烟花爆竹博览会，策划更大规模、更高规格的国际烟花大会；借助中国湖南农博会的影响力，带动安化黑茶展销会、石门柑橘展销会、靖州杨梅展销会等一系列有鲜明地方特色的展会，展示省会城市的担当引领作用。充分挖掘湖湘文化资源，发挥“电视湘军”“出版湘军”的优势，依托全省红色文化资源，支持办好中国红色旅游博览会、湖南（国际）文化旅游产业博览会等一批主题会展活动，构建文化节庆之都，彰显湖湘特色与魅力，推动非物质文化遗产领域的国际交流与合作。

（四）提升展会服务模式，加速低碳数字会展

1. 推进会展信息化建设

贯彻中央提出“创新展会服务模式”要求，积极探索展会模式和形式新路径。在原有场馆的更新升级和新场馆的建设安装过程中，引入数字化技术，实现主办方、场馆方、服务商全产业链互通互联，推进智慧场馆建设，提升场馆数字化运营水平。创新“云”会展模式，打造更多信息化办展主体，推动传统展会与现代信息线上线下展会融合发展，探索实施云展会、云会议、云展台等数字展会项目。

基于5G、大数据、物联网等技术，搭建数字会展信息平台，突出信息资源整合共享功能，建设开放合作机制，运用数字技术积极探索数字会展模式，推进会展模式创新、推动会展技术创新，在疫情常态化下通过技术实现办展的交往性和互动性，实现办展规模的效益提升和会展线上线下联动的新局面，深入有效推动长沙会展信息化进程。

建立会展数据库，对全市范围内的会展项目成果进行量化统计，科学、规范、系统管理会展行业。

2. 加快会展绿色低碳进程

落实国家碳达峰、碳中和的目标战略，全面倡导绿色生态会展践行意识和理念，

制定绿色环保办展标准和指南，建立并完善绿色会展评价体系。构建绿色会展践行主题及联动机制，政府、会展企业、行业协会和受众群体要统一整合，协调安排。鼓励节能、环保、绿色低碳办展办会，推动会展行业绿色发展，大力促进包括政策出台、场馆建设、组展公司、设计搭建、会展服务等环节的一系列绿色生态发展。围绕碧水蓝天、净土保卫战及循环经济、垃圾分类、生态园林等绿色题材，策划会展项目，培育会展品牌。继续扎实办好中国国际低碳产业博览会、中国（长沙）国际园林绿化产业博览会等品牌项目，推广落实绿色展会。

（五）积极对接国际平台，发展高端国际合作

1. 积极拓展国际市场空间

展会是个平台，不能仅限于服务当地企业和产业，更多地把视野放开、把格局放开，让全国乃至全球的同行共享这一个平台、共享市场资源，实现产品推广、交易和技术的交流，以这样的一个格局才有可能打造真正在国际有影响力的品牌展会。长沙要大力发挥世界媒体艺术之都、东亚文化之都的国际名牌效应，整合已有资源，加强与国际展会组织的交流合作，吸引全球知名会展企业开展合作或落户会展片区。积极对接国家部委、国家级行业协会和国内大型组展组会公司，引进全国影响力大、国际化程度高的巡回品牌展览项目落地。继续办好有国际影响力的中非经贸博览会、中国工程机械博览会，重点支持中国国际轨道交通和装备制造产业博览会、湖南（国际）通用航空产业博览会、中国（长沙）国际装配式建筑与工程技术博览会、北斗规模应用国际峰会等重大展会，形成全球影响力的会展品牌。

2. 大力发展高端国际合作

借着长沙车展在全球产生的影响力，长沙会展业要大力借鉴国内外会展名城的宝贵经验，汇聚一切有利于会展业发展的产业要素，面向世界、面向未来，以开放包容的胸襟，深入开展内外合作，继续加强与国际展览业协会（UFI）、国际大会及会议协会（ICCA）等国际会展组织、海峡两岸及香港澳门会展业的交流合作，提升长沙会展国际化水平。积极对接国家部委、国家级行业协会组织和国内大型组展组会公司，学习和借鉴国际先进办展办会的理念和管理经验，在国际舞台的竞合中提升长沙会展企

业实力，提升规模，扩大影响。

（六）着力前瞻创新研究，协同会展人才培养

1. 大力支持前瞻性、创新性研究

省内高校、科研院所、行业协会设立的会展研究机构，不断加强对长沙会展产业发展重大问题进行前瞻性、创新性专题研究。健全会展人才培养体系，依托高校开展有区域特色的会展产业研究，建设会展业发展智库；把握会展专业是应用型专业定位，鼓励应用型本科院校和职业院校按照产业发展需求设置和调整专业课程，持续深化教育教学改革，与时俱进在学用结合上下功夫，以从业技能为基础培养适应发展需要的技术技能型、应用型和复合型专门人才；鼓励校企共建会展教育实践基地，提升会展人才的专业服务能力和实践应用能力。

2. 充分整合全省社会教育资源

积极促进企业、院校和政府相关部门密切协同配合，实现资源共享、优势互补。引导发挥现有的四家行业协会的组织引导作用，强化行业自律、做好行业监督管理、制定管理规范、建立资质评审与等级制度、组织市场调查、进行会展数据统计、开展行业培训，承担其政府与企业之间的桥梁纽带作用。积极开展会展业典型岗位群的职业技能等级标准、评价体系开发和人才职业资格培训认证工作。构建由学历教育、职业技能培训、职业资格认证相结合的会展人才培养体系，实现会展人才培养系统化、规范化、常态化。

3. 加大专业人才引进力度

继续优化长沙会展业智库建设，发挥专家学者的咨询作用。广泛招引全球高端、国际一流的会展策划、项目管理和高水平创新创业团队。将会展领军人才引进纳入重大人才工程计划，加大优秀人才引进力度，促进人才引进、项目推动、产业发展的良性互动，为湖南会展业的高质量发展提供强大的智力支撑。

附　录

一、2020年度展览项目列表

序号	展会名称	主办单位	承办单位	时间	举办地点	展会级别	展会类别
1	“无镜之景”孙彦初作品展	谢子龙影像艺术馆	谢子龙影像艺术馆	2019年11月17日—2020年2月29日	谢子龙影像艺术馆	市级及以下	教文体娱类
2	千年梦华——中国历代枕文物特展	长沙市文化旅游广电局	长沙博物馆、西汉南越王博物馆	2019年12月28日—2020年3月29日	长沙博物馆	市级及以下	教文体娱类
3	“流动的永恒”新媒体艺术群展	湖南华年文化旅游投资有限公司、深圳那么艺术科技有限公司	梅溪湖国际文化艺术文化中心艺术馆	2019年11月30—2020年4月15日	梅溪湖国际文化艺术中心大剧院	省级	教文体娱类
4	POPART MEET CHANGSHA 潮流艺术新年展	潇湘电影集团有限公司	湖南潇影文化产业投资有限公司	2020年1月1日	潇湘影视文化创意园——红影文创园	省级	教文体娱类
5	萌卡同人祭	长沙漫客文化传播有限公司	长沙漫客文化传播有限公司	2020年1月1日—2日	长沙红星国际会展中心	市级及以下	教文体娱类
6	新春献礼——“宝凤剪纸艺术展”	李自健美术馆	李自健美术馆	2020年1月1日—9日	李自健美术馆	市级及以下	教文体娱类
7	书道圭臬——中原巨碑名志拓片展	长沙市文化旅游广电局	长沙简牍博物馆、郑州市华夏文化艺术博物馆	2020年1月3日—10日	长沙简牍博物馆	市级及以下	教文体娱类

续表

序号	展会名称	主办单位	承办单位	时间	举办地点	展会级别	展会类别
8	第二届湖南省青年水彩画家作品提名展	湖南省美术家协会、湖南省画院	湖南省美术家协会水彩画艺术委员会、湖南省美术家协会水彩画研究会、湘军咨询集团	2020 年 1 月 3 日—7 日	湖南省画院美术馆	省级	教文体娱类
9	2020“春之约”第八届红星年货物资交易会	长沙学超广告有限公司	长沙学超广告有限公司	2020 年 1 月 6 日—22 日	长沙红星国际会展中心	市级及以下	其他类
10	“化迹”当代油画作品展	思源竹房	思源竹房	2020 年 1 月 10 日	思源竹	市级及以下	教文体娱类
11	瑞鼠吐宝——庚子鼠年新春生肖文物图片联展	中国文物报社、长沙博物馆	中国文物报社、长沙博物馆	2020 年 1 月 11 日—15 日	长沙博物馆	市级及以下	教文体娱类
12	“交融 & 碰撞”：桑德罗·特劳蒂 & 雷小洲作品联展	李自健美术馆	李自健美术馆	2020 年 1 月 12 日	李自健美术馆	市级及以下	教文体娱类
13	第一届“乡愁湘韵”摄影展	湖南省文化和旅游厅	湖南省文化馆、湖南省艺术摄影学会	2020 年 1 月 13 日—2 月 13 日	湖南省文化馆	省级	教文体娱类
14	长沙县“艺抗疫情、云游湖南”主题作品展	长沙县委宣传部、湖南省文化旅游厅	长沙县文旅局	2020 年 2 月 3 日	秋收起义文家市会师纪念馆	市级及以下	教文体娱类
15	归去来 RETURN 罗中立个展	长沙市人民政府、湖南广播电视台、湖南省博物馆	中共长沙市委宣传部、长沙市文化旅游广电局	2020 年 2 月 6 日	湖南省博物馆	市级及以下	教文体娱类

续表

序号	展会名称	主办单位	承办单位	时间	举办地点	展会级别	展会类别
16	“一万光年”何岸个展	长沙市人民政府、湖南广播电视台、湖南省博物馆	中共长沙市委宣传部、长沙市文化旅游广电局	2020 年 2 月 6 日	湖南省博物馆	市级及以下	教文体娱类
17	“回见 SEE YOU SEE ME”刘庆和个展	长沙市人民政府、湖南广播电视台、湖南省博物馆	中共长沙市委宣传部、长沙市文化旅游广电局	2020 年 2 月 6 日	湖南省谭国斌当代艺术博物馆	市级及以下	教文体娱类
18	日夕里亚 杨茂源个展	长沙市人民政府、湖南广播电视台、湖南省博物馆	中共长沙市委宣传部、长沙市文化旅游广电局	2020 年 2 月 6 日	湖南省博物馆	市级及以下	教文体娱类
19	“第七届艺术长沙”双年展 乡关何处：王迈、傅瑶双个展	长沙市人民政府、湖南广播电视台、湖南省博物馆	中共长沙市委宣传部、长沙市文化旅游广电局	2020 年 2 月 7 日	长沙博物馆	市级及以下	教文体娱类
20	“出逃记”傅瑶个展	长沙市人民政府、湖南广播电视台、湖南省博物馆	长沙市文学艺术界联合会、湖南经济电视台	2020 年 2 月 7 日	长沙博物馆	市级及以下	教文体娱类
21	2020 第二十一届湖南浩天广告四新标识展览会	湖南省标识行业协会、湖南省照明学会、湖南省广告材料协会、长沙市浩天会展服务有限公司		2020 年 2 月 9 日—11 日	长沙红星国际会展中心	省级	制造类
22	2020 第十五届湖南户外 LED 照明技术展览会	湖南省照明学会、长沙市浩天会展服务有限公司	长沙市浩天会展服务有限公司	2020 年 2 月 9 日—11 日	长沙红星国际会展中心	省级	制造类

续表

序号	展会名称	主办单位	承办单位	时间	举办地点	展会级别	展会类别
23	“最美奋斗者”周令钊先生百岁艺术展	中国美术家协会、中央美术学院、湖南省文学艺术界联合会	湖南美术馆、湖南省美术家协会	2020 年 2 月 20 日	湖南美术馆	省级	教文体娱类
24	2020 华中幼教前沿峰会暨幼教产业博览会	湖南国际教育科学研究院	北京中展华博展览服务有限公司、湖南汇博文化教育发展有限公司	2020 年 3 月 28 日—3 月 30 日	长沙国际会展中心	国家级	租赁和商务服务业
25	2019 第七届艺术长沙丨“我一点儿也不想你”童昆鸟个展	谢子龙影像艺术馆	中共长沙市委宣传部、长沙市文化旅游广电局	2020 年 3 月 6 日	谢子龙影像艺术馆	市级及以下	教文体娱类
26	“荒木经惟·花幽”摄影作品展	谢子龙影像艺术馆	谢子龙影像艺术馆	2020 年 4 月 25 日—7 月 26 日	谢子龙影像艺术馆	市级及以下	教文体娱类
27	山川出云天下雨——晚清民国时期湖南绘画艺术特展	长沙市文化旅游广电局	长沙市博物馆、衡阳市博物馆	2020 年 4 月 30 日—5 月 31 日	长沙博物馆	省级	教文体娱类
28	红木专卖场	陕西新动向传媒股份有限公司	湖南省博物馆	2020 年 5 月 1 日—6 月 3 日	湖南省展览馆	省级	制造类
29	致敬达·芬奇全球光影艺术展	湖南锐智国际会展有限公司	长沙 IFS 国金中心	2020 年 5 月 1 日—7 月 22 日	长沙 IFS 国金中心	市级及以下	教文体娱类
30	激逸响于湘江兮——潇湘古琴文化展	湖南省博物馆	湖南省博物馆	2020 年 5 月 14 日—18 日	湖南省博物馆	省级	教文体娱类

续表

序号	展会名称	主办单位	承办单位	时间	举办地点	展会级别	展会类别
31	2020 第 12 届中部（长沙）建材新产品招商暨全屋定制博览会	湖南省商务厅对外经济促进中心、湖南省室内装饰协会、湖南省家具行业协会、长沙支点展览策划有限公司	长沙支点展览策划有限公司	2020 年 5 月 15 日—17 日	长沙国际会展中心	省级	建筑和房地产类
32	2020 长沙婚博会	珠海世纪枫潮会展有限公司、深圳世纪方会展有限公司	长沙市世纪潇湘会展有限公司	2020 年 5 月 15 日—17 日	湖南国际会展中心	市级及以下	居民服务、修理和其他服务类
33	“精神・图式”：首届中国写意油画双年展	北京当代中国写意油画研究院、吉林艺术学院、关山月美术馆、岭南画院、湖南省油画学会	李自健美术馆	2020 年 5 月 16 日—6 月 28 日	李自健美术馆	省级	教文体娱类
34	“瓷之画”：从长沙窑到醴陵窑	湖南省博物馆	湖南省博物馆	2020 年 5 月 18 日—8 月 23 日	湖南省博物馆	省级	教文体娱类
35	栗特人在大唐：洛阳博物馆藏唐代文物特展	长沙市文化旅游广电局	长沙博物馆、洛阳博物馆	2020 年 5 月 18 日—8 月 23 日	长沙博物馆	市级及以下	教文体娱类
36	第十三届全国美术作品展览进京作品、第三届中国美术奖作品（湖南）巡展	中华人民共和国文化和旅游部、中国文学艺术界联合会、中国美术家协会	湖南省文学艺术界联合会、湖南省美术家协会、湖南美术馆	2020 年 5 月 20 日—6 月 20 日	湖南美术馆	省级	教文体娱类
37	第十三届中国（长沙）国际孕婴童产业博览会	长沙市广播电视台	长沙广电新闻中心、长沙咿呀实业有限公司	2020 年 5 月 29 日—6 月 2 日	长沙红星国际会展中心	省级	其他类

续表

序号	展会名称	主办单位	承办单位	时间	举办地点	展会级别	展会类别
38	从文艺复兴到印象派：欧洲绘画五百年	湖南省博物馆、美国印第安纳波利斯艺术博物馆	湖南省博物馆、美国印第安纳波利斯艺术博物馆	2020 年 5 月 29 日—9 月 13 日	湖南省博物馆	省级	教文体娱类
39	境由心生——贺羽风景写生作品展	中央美术学院、湖南美术出版社	美仑美术馆・圣之空间	2020 年 5 月 30 日—6 月 14 日	美仑美术馆	省级	教文体娱类
40	分层与合成：中国当代摄影的两个动作及其实践展览	谢子龙影像艺术馆	谢子龙影像艺术馆	2020 年 5 月 30 日—10 月 11 日	谢子龙影像艺术馆	省级	教文体娱类
41	2020 长沙国际工程机械后市场交易展	中国机械工业联合会、中国机冶械金建材工会	机械工业出版社、苏州相城经济技术开发区管委会	2020 年 6 月 1 日—4 日	长沙国际会展中心	国家级	制造类
42	2020 第三届亚洲国际工程机械二手设备交易大会	中国工程机械协会、湖南省工业和信息化厅、湖南省商务厅、湖南省贸促会、长沙人民政府	湖南力量之都国际展览有限公司	2020 年 6 月 5 日—6 日	长沙国际会展中心	国家级	制造类
43	首届湖南长沙大麓古玩城赏石文化博览会暨“金鸡杯”全国观赏石精品展	湖南省珠宝玉石首饰观赏石行业协会、湖南大德昌文化交流有限公司	湖南大麓珍宝古玩城、上海方野文化发展有限公司	2020 年 6 月 5 日—13 日	长沙大麓珍宝古玩城	省级	教文体娱类
44	2020 年夏季服装暨全部名优食品展	长沙领秀展览策划有限公司	湖南省展览馆	2020 年 6 月 6 日—7 月 5 日	湖南省展览馆	市级及以下	制造类

续表

序号	展会名称	主办单位	承办单位	时间	举办地点	展会级别	展会类别
45	2020 世界媒体艺术之都中部（长沙）印刷产业博览会	中共长沙市委宣传部、长沙市新闻出版局、长沙晚报社、长沙市文化旅游广电局、长沙市文化市场综合行政执法局	湖南省展览馆	2020 年 6 月 8 日—10 日	湖南国际会展中心	省级	制造类
46	“体彩公益 · 墨香雅韵”湖南省女书法家作品展	湖南省女书法家协会	湖南省展览馆	2020 年 6 月 10 日—12 日	湖南省展览馆	省级	教文体娱类
47	2020 第十四届湖南春季浩天钓具用品展览会	长沙市浩天会展服务有限公司	长沙市浩天会展服务有限公司	2020 年 6 月 12 日—14 日	长沙红星国际会展中心	市级及以下	制造类
48	从地中海到中国：丝路宝藏——平山郁夫丝绸之路美术馆藏文物展	日本黄山美术社策展、长沙博物馆和平山郁夫丝绸之路美术馆	北京鉴钟文化传播有限公司、北京百军文化发展有限公司	2020 年 6 月 12 日—15 日	长沙博物馆	市级及以下	教文体娱类
49	生命重于泰山：战“疫”2020 湖南大型公益影像纪实作品展	湖南省文学艺术界联合会、湖南省摄影家协会、湖南省影响公益基金会	谢子龙影像艺术馆	2020 年 6 月 12 日—7 月 12 日	谢子龙影像艺术馆	省级	教文体娱类
50	李锋非遗影像展		浏阳市道官冲古法造纸研学馆	2020 年 6 月 13 日—6 月 28 日	浏阳市道官冲古法造纸研学馆	市级及以下	教文体娱类
51	2020 中国（长沙）国际园林绿化产业博览会	中国内燃机工业协会、中国建筑节能协会立体绿化与生态专业委员会	东方嘉恒展览（北京）有限公司	2020 年 6 月 13 日—15 日	湖南国际会展中心	国家级	农林牧渔矿类

续表

序号	展会名称	主办单位	承办单位	时间	举办地点	展会级别	展会类别
52	湖南抗疫先锋纪实展	湖南省科学技术协会	湖南日报新闻影像中心、湖南省展览馆、科普湖南在线网	2020 年 6 月 15 日—19 日	湖南省展览馆	省级	教文体娱类
53	2020 年湖南麻将机行业博览会	湖南浩瀚麻将机配件有限公司	成都国驰民风文化传媒有限公司	2020 年 6 月 18 日—23 日	长沙国际会展中心	省级	制造类
54	《舒勇每日一画致敬战“疫”英雄主题作品展》在湖南省博物馆开展	湖南省新的社会阶层人士联合会、湖南省文学艺术界联合会、中共长沙市委统战部	湖南省博物馆、谢子龙影像艺术馆	2020 年 6 月 18 日	湖南省博物馆	省级	教文体娱类
55	2020 湖南（国际）文化旅游产业博览会暨文化和旅游装备展	湖南日报文旅集团有限责任公司	华声在线股份有限公司	2020 年 6 月 19 日—21 日	长沙国际会展中心	省级	教文体娱类
56	2020 湖南第 71 届长沙红星汽车博览会	湖南西游会展服务有限公司	湖南西游会展服务有限公司	2020 年 6 月 19 日—21 日	长沙红星国际会展中心	市级及以下	制造类
57	2020 中国湖南(第十届）旅游产业博览会	湖南日报报业集团	湖南日报社全域旅游有限责任公司	2020 年 6 月 19 日—21 日	湖南国际会展中心	国家级	租赁和商务服务业
58	“独有千古”何绍基书法作品展	长沙市委宣传部、长沙市文化旅游广电局	长沙美术馆、湖南省谭国斌当代艺术博物馆	2020 年 6 月 19 日—9 月 19 日	湖南省谭国斌当代艺术博物馆	市级及以下	教文体娱类
59	“移风易俗树新风”主题书展	长沙图书馆	长沙图书馆	2020 年 6 月 25 日—30 日	长沙图书馆	市级及以下	教文体娱类

续表

序号	展会名称	主办单位	承办单位	时间	举办地点	展会级别	展会类别
60	湖南乡村美术教育展	湖南美术馆、浏阳市沙市镇桃源村乡村振兴工作队	湖南美术馆	2020年6月26日—30日	湖南美术馆	省级	教文体娱类
61	2020第二十届中部（湖南）糖酒食品交易会	湖南食品行业联合会、长沙市酒业协会、仁创会集团	长沙仁创会展服务有限公司、武汉仁创会展服务有限公司、南昌仁创会展服务有限公司、长沙梅剑文化传媒有限公司	2020年7月3日—5日	湖南国际会展中心	省级	制造类
62	第43届长沙（红星）汽车博览会	V车展、V车网	长沙车讯网络科技有限公司	2020年7月3日—5日	长沙红星国际会展中心	市级及以下	制造类
63	第十二届湖南茶文化节暨紫砂、书画、红木、根雕、陶瓷、茶具工艺品展	长沙仁创会展服务有限公司		2020年7月3日—5日	湖南国际会展中心	省级	制造类
64	2020湖南高校毕业季美术作品展	湖南美术馆	湖南美术馆、湖南省美术家协会、湖南师范大学美术学院	2020年7月4日—8月18日	湖南美术馆	省级	教文体娱类
65	“小家之器”贺旭、陈巽如作品联展	梅溪湖国际文化艺术中心大剧院	梅溪湖国际文化艺术中心大剧院	2020年7月8日—9月8日	梅溪湖国际文化艺术中心大剧院	省级	教文体娱类
66	2020年第二十届湖南智慧安防警用装备暨应急救援产品与技术博览会	湖南兰德时代广告传媒有限公司、湖南省安全技术防范协会	湖南兰德时代广告传媒有限公司	2020年7月9日—11日	湖南国际会展中心	省级	制造类

续表

序号	展会名称	主办单位	承办单位	时间	举办地点	展会级别	展会类别
67	第36届湖南长沙春季美容美发化妆品博览会	长沙阳光丽舍文化传播有限公司	长沙阳光丽舍文化传播有限公司	2020年7月9日—11日	长沙红星国际会展中心	市级及以下	居民服务、修理和其他服务类
68	翡翠展	陕西新动向传媒股份有限公司	湖南省展览馆	2020年7月10日—8月10日	湖南省展览馆	市级及以下	农林牧渔矿类
69	2020世界烟花大会暨全球精品烟花产业博览会	长沙市人民政府、中国日用杂品流通协会、中国烟花爆竹协会、株洲市人民政府、萍乡市人民政府	湖南红米国际会展有限公司	2020年7月16日—18日	湖南国际会展中心	国家级	制造类
70	2020湖南第72届长沙红星汽车博览会	湖南西游会展服务有限公司	湖南西游会展服务有限公司	2020年7月17日—19日	长沙红星国际会展中心	市级及以下	制造类
71	山乡巨变——美仑美术馆珍藏李桦作品展	湖南美术出版社	美仑美术馆	2020年7月18日—8月30日	美仑美术馆	省级	教文体娱类
72	李桦的艺术再现：从“曾五喜”到“刘雨生”	湖南美术出版社	美仑美术馆	2020年7月18日—8月30日	美仑美术馆	省级	教文体娱类
73	2020年第38届湖南春季美容美发化妆品博览会	长沙市美术家协会	湖南省化妆品经营行业协会、长沙市化妆品安全协会	2020年7月21日—23日	湖南省展览馆	市级及以下	居民服务、修理和其他服务类
74	2020第十三届中国商业信息化行业大会暨中国智慧商业信息化展览会	中国电子商会商业信息化专委会、《智慧零售与餐饮》、中国零售CIO俱乐部	北京树诚文化传媒有限公司	2020年7月22日—24日	湖南国际会展中心	国家级	信息、软件和科学技术服务业

续表

序号	展会名称	主办单位	承办单位	时间	举办地点	展会级别	展会类别
75	中法文化之春：不可见，X射线下的艺术	湖南美术出版社	美仑美术馆	2021年7月24日—8月24日	美仑美术馆	省级	教文体娱类
76	长沙ACC动漫展	长沙漫城文化传媒有限公司	长沙漫城文化传媒有限公司	2020年7月25日—26日	长沙红星国际会展中心	市级及以下	教文体娱类
77	2020年第十二届湖南（长沙）教育博览会暨高校招生咨询会	长沙市教育局、湖南教育电视台、湖南教育新闻网	长沙天圣展览策划有限公司	2020年7月26日—27日	湖南省展览馆	省级	教文体娱类
78	绿色时空——新时代主题性美术作品邀请展	中国美术家协会、湖南省文学艺术界联合会、湖南美术馆、湖南省美术家协会	湖南美术馆	2020年7月26日—8月25日	湖南美术馆	省级	教文体娱类
79	“微风轻拂”李昀蹊水墨作品展	湖南省画院、乐沃居控股集团	湖南逸典拍卖有限公司	2020年7月30日—8月5日	湖南省画院美术馆	省级	教文体娱类
80	天猫喵车团汽车展	长沙仁智文化传播有限公司	长沙仁智文化传播有限公司	2020年8月5日—9日	长沙国际会展中心	市级及以下	制造类
81	2020夏花学园祭7.0	长沙夏之花文化传播有限公司	长沙夏之花文化传播有限公司	2020年8月8日	长沙红星国际会展中心	市级及以下	教文体娱类
82	2020第七届快乐垂钓·中部（湖南）品牌渔具及户外用品展览会	湖南省展览馆	长沙市和展文化传播有限公司	2020年8月14日—16日	湖南国际会展中心	省级	制造类
83	2020湖南第73届长沙红星汽车博览会	湖南西游会展服务有限公司	湖南西游会展服务有限公司	2020年8月14日—16日	长沙红星国际会展中心	省级	制造类

续表

序号	展会名称	主办单位	承办单位	时间	举办地点	展会级别	展会类别
84	2020 汽车之家 818 中国汽车新消费论坛暨展览	中国汽车工业协会	海南车智易通网络科技有限公司	2020 年 8 月 15 日—18 日	长沙国际会展中心	国家级	制造类
85	浩然正气——历代歌颂中华民族英雄人物的诗文选录书法作品展	长沙市图书馆	长沙市图书馆	2020 年 8 月 18 日—31 日	长沙图书馆	市级及以下	教文体娱类
86	楚韵湘魂——湖南美术馆藏湖南重大历史题材作品展	湖南美术馆	湖南美术馆	2020 年 8 月 20 日—10 月 20 日	湖南美术馆	省级	教文体娱类
87	“文家市大捷”90 周年临时展览		浏阳市秋收起义文家市会师纪念馆	2020 年 8 月 20 日—30 日	浏阳市秋收起义文家市会师纪念馆	市级及以下	教文体娱类
88	2020 长沙国际表面处理电镀涂装博览会	中英合资好博塔苏斯展览有限公司		2020 年 8 月 20 日—22 日	长沙国际会展中心	省级	制造类
89	2020 年第 21 届长沙国际智能制造博览会	湖南省模具协会、湖南省钣金加工协会、湖南省焊接协会	长沙好博塔苏斯展览有限公司	2020 年 8 月 20 日—22 日	长沙国际会展中心	国家级	制造类
90	2020 第十一届长沙（国际）动漫游戏展	长沙市和展文化传播有限公司	湖南省展览馆	2020 年 8 月 21 日—23 日	湖南省展览馆	省级	教文体娱类
91	风暴山谷 - 如何避免风摧毁一个虚构的社区展览	无同空间	无同空间	2020 年 8 月 22 日—9 月 23 日	无同空间	市级及以下	教文体娱类
92	黄花镇举办 2020 年“大学带小学，家乡学子情”成果展示会	黄花镇党委、黄花镇人民政府	黄花镇关工委、黄花镇离退休干部党支部、黄花镇老年协会	2020 年 8 月 25 日	小顽国亲子乐园	市级及以下	教文体娱类

续表

序号	展会名称	主办单位	承办单位	时间	举办地点	展会级别	展会类别
93	2020迪培思长沙国际广告标识及LED展暨2020迪培思长沙国际图文印刷展	广州迪培思联合网络科技有限公司	湖南顺桓会展服务有限公司	2020年8月26日—28日	长沙国际会展中心	省级	制造类
94	2020长沙国际公共卫生防控产业论坛暨展览会	北京嘉宇沃德展览有限公司	湖南国际会展中心管理有限公司	2020年8月27日—28日	湖南国际会展中心	国家级	卫生和社会工作类
95	第44届长沙（红星）汽车博览会	长沙车讯网络科技有限公司	长沙车讯网络科技有限公司	2020年8月28日—29日	长沙红星国际会展中心	市级及以下	制造类
96	于小东油画展	李自健美术馆	李自健美术馆	2020年8月29日—9月24日	李自健美术馆	市级及以下	教文体娱类
97	“书香传友谊 文化谱新篇”——“东亚文化之都”文献资源中心建设成果展	长沙市人民政府办公厅	长沙图书馆	2020年9月1日—10月13日	长沙图书馆	市级及以下	教文体娱类
98	孩子王第五届长株潭孕婴童博览会	湖南童联儿童用品有限公司	湖南童联儿童用品有限公司	2020年9月4日—7日	长沙红星国际会展中心	市级及以下	制造类
99	第十八届（2020）中国畜牧业博览会暨2020中国国际畜牧业博览会	中国畜牧业协会	中国畜牧业协会	2020年9月4日—6日	长沙国际会展中心	国际级	农林牧渔矿类
100	2020秋季红木家具展	陕西新动向传媒股份有限公司	湖南省展览馆	2020年9月4日—10月5日	湖南省展览馆	市级及以下	制造类

续表

序号	展会名称	主办单位	承办单位	时间	举办地点	展会级别	展会类别
101	庆祝教师节和纪念民进成立 75 周年、全面决胜脱贫攻坚暨长沙开明书画院成立书画摄影作品展	民进长沙市委会	长沙开明书画院	2020 年 9 月 8 日—10 日	长沙简牍博物馆	市级及以下	教文体娱类
102	2020 湖南第 74 届长沙红星汽车博览会	湖南西游会展服务有限公司	湖南西游会展服务有限公司	2020 年 9 月 11 日—13 日	长沙红星国际会展中心	市级及以下	制造类
103	中国（长沙）大家居博览会暨华中建博会（长沙家博会）	中国建筑装饰协会建材家居分会、湖北省家居产业促进会、湖北省家具协会、武汉家具行业协会、武汉建筑装饰协会	长沙昆仑万博展览有限公司、武汉昆仑万博展览有限公司	2020 年 9 月 11 日—13 日	长沙国际会展中心	国家级	建筑和房地产类
104	2020 第十二届湖南茶业博览会	湖南省农业农村厅、湖南省工信厅、中国国际商会、郴州市人民政府	湖南仁创会展服务有限公司	2020 年 9 月 11 日—14 日	湖南国际会展中心	省级	农林牧渔矿类
105	西京烟云——大同辽金元文物展	长沙市文化旅游广电局	长沙博物馆、大同市博物馆	2020 年 9 月 11 日—11 月 29 日	长沙博物馆	市级及以下	教文体娱类
106	言事言情总断魂——走入齐白石的艺术境象	市委宣传部、市文化旅游广电局、湖南广播影视集团、湖南省博物馆	长沙美术馆	2020 年 9 月 12 日	长沙美术馆	市级及以下	教文体娱类
107	画吾自画——馆藏齐白石绘画作品展	湖南省博物馆	湖南省博物馆	2020 年 9 月 12 日—12 月 12 日	湖南省博物馆	省级	教文体娱类

续表

序号	展会名称	主办单位	承办单位	时间	举办地点	展会级别	展会类别
108	“君不见”杨福音新作展	长沙市文化旅游广电局	长沙美术馆、湖南省谭国斌当代艺术博物馆	2020年9月12日—10月12日	湖南省谭国斌当代艺术博物馆	市级及以下	教文体娱类
109	2020长沙市首届婚博会	深圳市世纪东方会展有限公司	长沙市世纪潇湘会展有限公司	2020年9月15日—18日	湖南国际会展中心	市级及以下	居民服务、修理和其他服务类
110	湖南著名美术家推介工程·陈白——艺术展	湖南省文学艺术界联合会	湖南美术馆、湖南省美术家协会、湖南省画院	2020年9月15日—10月15日	湖南美术馆	省级	教文体娱类
111	2020第七届中国(长沙)日用百货、家居用品及不锈钢制品展会暨取暖器展览会	长沙前沿展览服务有限公司		2020年9月18日—20日	长沙红星国际会展中心	省级	制造类
112	2020中国国际食品餐饮博览会	商务部、湖南省人民政府	商务部流通产业促进中心、湖南省商务厅、湖南省工业和信息化厅、湖南省粮食与物资储备局、长沙市人民政府	2020年9月18日—20日	长沙国际会展中心	国际级	住宿和餐饮业
113	花湘似锦——湖南花鸟画研究展	湖南文史研究馆、湖南日报社	湖南国画馆	2020年9月19日—23日	湖南省展览馆	省级	教文体娱类
114	雷运华谷山砚“湖湘文化”系列作品展	长沙市文学艺术界联合会	长沙市文学艺术界联合会	2020年9月19日—23日	长沙简牍博物馆	市级及以下	教文体娱类

续表

序号	展会名称	主办单位	承办单位	时间	举办地点	展会级别	展会类别
115	2020 中国（湖南）国际绿色发展博览会	湖南省贸促会、省工业和信息化厅、省生态环境厅、长沙市人民政府、中国物资再生协会	湖南纵横会展服务有限公司	2020 年 9 月 24 日—26 日	湖南国际会展中心	国际级	其他类
116	京东健康智慧医药医疗博览会	北京京东健康有限公司	广州美刻展览服务有限公司	2020 年 9 月 25 日—27 日	长沙国际会展中心	省级	卫生和社会工作类
117	秘鲁古代文明展——探寻印加帝国的源流	湖南省博物馆		2020 年 9 月 26 日—2021 年 1 月 5 日	湖南省博物馆	省级	教文体娱类
118	风从草原来——内蒙古美术馆馆藏作品展 & “草原画派”油画邀请展	李自健美术馆、内蒙古美术馆	李自健美术馆	2020 年 9 月 26 日—11 月 1 日	李自健美术馆	市级及以下	教文体娱类
119	“翰墨书抗疫 丹青绘小康”暨长沙民盟书画院成立书画作品展	民盟长沙市委会	长沙民盟书院	2020 年 9 月 26 日—29 日	长沙简牍博物馆	市级及以下	教文体娱类
120	湖南著名美术家推介工程·王憨山艺术展	湖南省文学艺术界联合会	湖南美术馆、湖南省美术家协会	2020 年 9 月 27 日—10 月 25 日	湖南美术馆	省级	教文体娱类
121	武汉立中堂民国风摄影暨收藏展览	湖南省文化馆	湖南省文化馆	2020 年 9 月 29 日—10 月 29 日	湖南省文化馆	省级	教文体娱类
122	“城”·长——长沙规划展示馆五周年暨城市摄影作品展	长沙规划展示馆	长沙规划展示馆	2020 年 10 月 1 日	长沙规划展示馆	市级及以下	教文体娱类

续表

序号	展会名称	主办单位	承办单位	时间	举办地点	展会级别	展会类别
123	2020 湖南第 75 届长沙红星汽车博览会	湖南西游会展服务有限公司	湖南西游会展服务有限公司	2020 年 10 月 1 日—4 日	长沙红星国际会展中心	市级及以下	制造类
124	第二届湖湘青少年书画大赛暨非物质文化遗产传播体验展	湖南省展览馆、湖南省直机关书画家协会	湖南国画馆、长沙市工艺美术协会、第二课堂杂志社	2020 年 10 月 1 日—3 日	湖南省展览馆	省级	教文体娱类
125	2021 芒果（长沙）国际汽车博览会暨新能源及智能汽车博览会	中国机械国际合作有限公司、湖南广播电视台	湖南国际会展中心、长沙新瑞方展览服务有限公司	2020 年 10 月 1 日—5 日	湖南国际会展中心	国际级	制造类
126	2020 湖南（长沙）国际酒店用品及餐饮业博览会	长沙汉森国际展览有限公司	北京汉森国际展览有限公司、重庆汉唯斯展览展示有限公司	2020 年 10 月 10 日—12 日	湖南国际会展中心	国家级	住宿和餐饮业
127	2020 第 28 届中西部（长沙）医疗器械展览会	中英合资好博塔苏斯展览有限公司	中英合资好博塔苏斯展览有限公司	2020 年 10 月 11 日—13 日	湖南国际会展中心	省级	制造类
128	自然而然——陈明从艺五十年摄影、美术、艺术设计作品展	湖南省文化艺术基金会、长沙市文学艺术界联合会、湖南省设计艺术家协会、长沙市摄影家协会、长沙市美术家协会	湖南图书馆	2020 年 10 月 13 日—18 日	湖南图书馆	省级	教文体娱类

续表

序号	展会名称	主办单位	承办单位	时间	举办地点	展会级别	展会类别
129	原创大展“闲来弄风雅——宋朝人慢生活镜像”	湖南省博物馆、四川博物院、河南省文物考古研究院、陕西省考古研究院、辽宁省博物馆、上海博物馆、安徽博物院、福建博物院、浙江省文物考古研究所、佛山市博物馆扬州博物馆、常州博物馆等13家文博单位		2020年10月15日—2021年1月15日	湖南省博物馆	省级	教文体娱类
130	2020第45长沙红星国际会展中心汽车博览会	长沙车讯网络科技有限公司		2020年10月16日—18日	长沙红星国际会展中心	市级及以下	制造类
131	2020湖南（长沙）国际智慧交通暨智能网联新能源汽车产业博览会	长沙市人民政府	湖南启航理想国际文化交流有限公司	2020年10月16日—18日	长沙国际会展中心	省级	制造类
132	2020长沙乡村产业博览会	长沙市人民政府、湖南省农科院、湖南省农学会	长沙盛世展联会展有限公司、湖南省会议接待服务中心、中国小康建设研究会乡村产业发展委员会	2020年10月16日—18日	长沙国际会展中心	市级及以下	农林牧渔矿类
133	“云起新湖南 墨舞大洋河”第二届湖南中青年书法大展	湖南省文化和旅游厅、湖南日报社、湖南省书法家协会	湖南省展览馆	2020年10月16日—20日	湖南省展览馆	省级	教文体娱类

续表

序号	展会名称	主办单位	承办单位	时间	举办地点	展会级别	展会类别
134	笔墨熔魄 江山铸魂：中国当代著名实力派山水画家林永松精品湖南特展	湖南国画馆	离朱艺术、北京家藏天下文化发展有限公司	2020年10月17日—20日	湖南国画馆	省级	教文体娱类
135	“诗与远方”周艺文美术作品展	湖南省美术家协会、湖南省画院	湖南省画院	2020年10月18日—25日	湖南省画院	国家级	教文体娱类
136	第27届长沙图书交易会	长沙市委宣传部、长沙市新闻出版局	中共长沙市委宣传部	2020年10月22日—24日	湖南国际会展中心	市级及以下	教文体娱类
137	第十四届中国（长沙）国际孕婴童产业博览会	长沙市广播电视台	长沙广电新闻中心、长沙咿呀实业有限公司	2020年10月23日—26日	长沙红星国际会展中心	省级	制造类
138	长沙未来城市品质家居博览会	湖南省住房和城乡建设厅	中天拓展国际文化传播（北京）有限公司	2020年10月23日—25日	长沙国际会展中心	市级及以下	建筑和房地产类
139	花趣意然——周中耀写意花鸟画展	长沙市文学艺术界联合会	长沙纸本艺术馆	2020年10月23日—29日	湖南省展览馆	市级及以下	教文体娱类
140	2020湖南（金秋）文物博览会	湖南省文化改革发展领导小组办公室、湖南省文化和旅游厅、湖南日报社、湖南省文物局	湖南省博物馆	2020年10月23日	湖南省博物馆	省级	教文体娱类
141	2020长沙秋季服装服饰博览会	长沙领秀展览策划有限公司		2020年10月23日—11月22日	湖南省展览馆	市级及以下	制造类

续表

序号	展会名称	主办单位	承办单位	时间	举办地点	展会级别	展会类别
142	雪漠玲珑——喜马拉雅与蒙古珍品	长沙市文化旅游广电局	长沙博物馆、香港中文大学文物馆	2020年10月23日—2021年1月17日	长沙博物馆	市级及以下	教文体娱类
143	山枫艺谷学生作品展	山枫艺谷培训部	湖南省展览馆	2020年10月25日—26日	湖南省展览馆	市级及以下	教文体娱类
144	第七届中国先锋戏剧青年设计师提名展			2020年10月26日	长沙市铜官草市	市级及以下	教文体娱类
145	2020湖南生物医药与健康产业博览会	湖南省人民政治批准、长沙人民政府、湖南出版投资控股集团	长沙市生物医药产业链推进办公室、湖南中南国际会展有限公司、湖南省展览馆	2020年10月26日—27日	长沙梅溪湖国际文化艺术中心	省级	卫生和社会工作类
146	2020湖南（长沙）电池产业博览会	省工业厅和信息化厅、湖南省商务厅、长沙市人民政府		2020年10月27日—29日	宁乡高新区	省级	制造类
147	美的历程(1980—2020)：湖南美术出版社建社四十周年作品展	中南出版传媒集团股份有限公司、湖南美术出版社	美仑艺术研究院、美仑美术馆	2020年10月28日—11月28日	美仑美术馆	省级	教文体娱类
148	第22届中国中部（湖南）农业博览会	湖南省人民政府、农业农村部	湖南红星国际展览有限公司	2020年10月30日—11月3日	长沙国际会展中心	国家级	农林牧渔矿类
149	2020第六届湖湘动漫月暨长沙（国际）动漫游戏嘉年华	中共湖南省委宣传部、湖南省文化和旅游厅、中国国际贸易促进委员会湖南省分会	湖南省动漫游戏协会	2020年10月30日—11月1日	湖南国际会展中心	省级	教文体娱类

续表

序号	展会名称	主办单位	承办单位	时间	举办地点	展会级别	展会类别
150	未央游——李沅作品展	月湖时当代艺术中心	月湖时当代艺术中心	2020年10月30日—11月30日	月湖时当代艺术中心	市级及以下	教文体娱类
151	史进序星城书画院展览	星城书画院	星城书画院	2020年11月1日—4日	湖南省展览馆	市级及以下	教文体娱类
152	意象中国——当代油画邀请展	中国美术家协会策展委员会、湖南美术馆	湖南美术馆	2020年11月3日—12月3日	湖南美术馆	省级	教文体娱类
153	大山的脊梁——走进老一辈中国农民的世界公益主题摄影展	湖南省摄影家协会、湖南省湖湘文化交流协会、湖南传家文化传播有限公司	湖南国画管、长沙市隆回商会	2020年11月6日—10日	湖南省展览馆	省级	教文体娱类
154	第46届长沙（红星）汽车博览会	长沙车讯网络科技有限公司	长沙车讯网络科技有限公司	2020年11月6日—8日	长沙红星国际会展中心	市级及以下	制造类
155	2020长沙新材料产业博览会	中国科协先进材料学会联合体、湖南省工业和信息化厅、湖南省科学技术厅、湖南省商务厅、湖南省科学技术协会、长沙市人民政府、中南大学	湖南省新材料产业协会、湖南力量之都国际展览有限公司	11月6日至8日	湖南国际会展中心	国家级	租赁和商务服务业
156	澳洲画家杨鸣山写生风景油画展	李自健美术馆	李自健美术馆	2020年11月7日—12月13日	李自健美术馆	市级及以下	教文体娱类

续表

序号	展会名称	主办单位	承办单位	时间	举办地点	展会级别	展会类别
157	2020 第 55 届中国高等教育博览会	中国高等教育学会	国药励展展览有限公司	2020 年 11 月 8 日—10 日	长沙国际会展中心	国家级	教文体娱类
158	湖南人——三湘历史文化陈列	湖南省博物馆	湖南省博物馆	2020 年 11 月 10 日	湖南省博物馆	省级	教文体娱类
159	2020 第二届湖南应急安全技术装备博览会暨创新论坛	湖南省消防协会	湖南合佳创会展服务有限公司	2020 年 11 月 13 日—15 日	长沙国际会展中心	省级	制造类
160	2020 中部（长沙）人工智能产业博览会暨创新发展论坛	湖南日报报业集团、长沙市工信局	湖南合佳创会展服务有限公司	2020 年 11 月 13 日—15 日	长沙国际会展中心	省级	信息、软件和科学技术服务业
161	2020 中国休闲旅游博览会	中国旅游协会休闲农业与乡村旅游分会、长沙红星国际会展中心	湖南红星国际展览有限公司、北京多蒙国际旅游文化发展集团	2020 年 11 月 13 日—15 日	长沙国际会展中心	国家级	租赁和商务服务业
162	里奥哈葡萄酒展览	Veronafiere 维罗纳会展、深圳百高文化传播有限公司	长沙运达喜来登酒店	2020 年 11 月 13 日—15 日	喜来登酒店	市级及以下	制造类
163	雪国精灵冰雪绘画作品展	湖南国画馆、北京歌华展览有限公司	湖南国鼎文化传播有限公司、华年文旅 · 湘江欢乐城	2020 年 11 月 13 日—19 日	湖南省展览馆	省级	教文体娱类
164	“红动湘赣 薪传浏阳”2020 中国红色旅游博览会	湖南省人民政府、江西省人民政府	浏阳秋收起义纪念馆	2020 年 11 月 14 日	浏阳秋收起义纪念馆秋收广场	市级及以下	租赁和商务服务业

续表

序号	展会名称	主办单位	承办单位	时间	举办地点	展会级别	展会类别
165	2020中国红色旅游博览会	湖南省人民政府、江西省人民政府	中共湖南省委宣传部、湖南省文化和旅游厅、江西省文化和旅游厅、中共长沙市委、长沙市人民政府、中国红色旅游推广联盟秘书处	2020年11月14日—16日	湖南国际会展中心	国家级	租赁和商务服务业
166	众志成城·共抗疫情——湖南美术、书法捐赠作品展	长沙市文学艺术界联合会	湖南省展览馆	2020年11月14日—22日	纸本艺术馆	市级及以下	教文体娱类
167	湖南省风景油画提名展	长沙市文学艺术界联合会	湖南美传视界文化传媒有限公司	2020年11月16日—22日	湖南省展览馆	市级及以下	教文体娱类
168	“百年湘楚 画说梨园”湖南戏曲主题绘画创作展	湖南国鼎文化传播有限公司	湖南省书法院	2020年11月17日—23日	湖南国画馆	省级	教文体娱类
169	第四届中国（长沙）果品产业博览会	中国果品流通协会、中国扶贫志愿服务促进会、中国农村合作经济管理学会、湖南省供销合作总社、湖南省农业委员会、湖南省扶贫开发办公室、长沙市人民政府	湖南红星国际展览有限公司	2020年11月20日—22日	长沙红星国际会展中心	国家级	农林牧渔矿类

续表

序号	展会名称	主办单位	承办单位	时间	举办地点	展会级别	展会类别
170	“墨韵湖湘”湖南省女书法家书法作品展	湖南省书法家协会、湖南省女书法家协会、湖南国画馆		2020年11月20日—24日	湖南省展览馆	省级	教文体娱类
171	2020华中幼教产业博览会暨中国托育·早教品牌连锁加盟大会	南汇博文化教育发展有限公司、湖南国际教育科学研究院		2020年11月21日—23日	湖南国际会展中心	国家级	教文体娱类
172	“打开双眼·自由表现”绘画课程作业展	湖南师范大学美术学院	湖南师范大学美术学院	2020年11月25日—12月9日	湖南美术馆	省级	教文体娱类
173	第37届湖南省秋季美容化妆品博览会	长沙市阳光丽舍文化传播有限公司		2020年11月27日—29日	湖南省展览馆	市级及以下	教文体娱类
174	中国（长沙）网络安全·智能制造大会	中共湖南省委网络安全和信息化委员会办公室、湖南省工业和信息化厅、湖南省通信管理局、湖南省科学技术协会、长沙市人民政府、中国电子信息产业集团有限公司	长沙市委网络安全和信息化委员会办公室、长沙市工业和信息化局、长沙市会展工作管理办公室、长沙市科学技术协会等	2020年11月28日—30日	长沙国际会展中心	省级	教文体娱类
175	艺术家周行 Mr.D.mouse		谢子龙影像艺术馆	2020年11月28日—2021年2月28日	谢子龙影像艺术馆	市级及以下	教文体娱类
176	2020安团家博会	中国安全防范产品行业协会	长沙安团网络科技有限公司	2020年11月28日—29日	湖南国际会展中心	市级及以下	建筑和房地产类

续表

序号	展会名称	主办单位	承办单位	时间	举办地点	展会级别	展会类别
177	红木家具展	佛山市巨木轩家具有限公司	佛山市巨木轩家具有限公司	2020年11月28日—12月27日	长沙红星国际会展中心	市级及以下	制造类
178	八秩回眸——邹传安书画艺术文献展	湖南省文化和旅游厅、湖南省文学艺术界联合会、湖南省文史研究馆、湖南省美术家协会、湖南省博物馆、长沙市文化旅游广电局	长沙美术馆、湖南省谭国斌当代艺术博物馆	2020年11月28日—12月28日	长沙美术馆	省级	教文体娱类
179	鸟语花香——湖南省工笔花鸟提名展	长沙市文学艺术界联合会	湖南省藏福美术馆	2020年11月30日—12月6日	湖南省展览馆	市级及以下	教文体娱类
180	长沙马王堆汉墓陈列	湖南省博物馆	湖南省博物馆	2020年12月1日—12月7日	湖南省博物馆	省级	教文体娱类
181	“彩韵湖南”——湖南水彩画家“脱贫攻坚”主题采风创作邀请展	湖南省企（事）业文联、长沙市文学艺术界联合会	湖南省纸本美术馆、湖南斯为盛文华传播有限公司	2020年12月3日—12月17日	湖南省展览馆	省级	教文体娱类
182	2020湖南糖酒食品招商展览会暨长沙名优酒饮年礼团购节	湖南省食品行业联合会、仁创会展	长沙梅剑文化传播有限公司	2020年12月3日—12月5日	湖南省展览馆	省级	制造类
183	2020芒果儿童博览会暨妈仔谷第五届亲子游园会	湖南国际会展中心有限公司	湖南妈仔谷文化传播有限公司	2020年12月4日—12月6日	湖南国际会展中心	省级	其他类

续表

序号	展会名称	主办单位	承办单位	时间	举办地点	展会级别	展会类别
184	2020 第二届长沙康复辅助器具暨康养产业博览会	湖南省残疾人联合会	湖南省残疾人辅助器具中心、长沙市残联	2020 年 12 月 9 日—11 日	长沙红星国际会展中心	省级	制造类
185	2020 第十六届中国（长沙）国际汽车博览会	长沙市人民政府、中国汽车工业协会	中南出版传媒集团、湖南新物产集团、长沙市会协、湖南中南国际会展有限公司	2020 年 12 月 9 日—14 日	长沙国际会展中心	省级	制造类
186	“走向康庄”——2020 年湖南省实现全面脱贫摄影展	星辰影像联合长沙市摄影家协会		2020 年 12 月 9 日	长沙市马栏山众创园	市级及以下	教文体娱类
187	艾玛艺术作品展	湖南美术馆、天津美术馆	湖南美术馆天津美术馆	2020 年 12 月 10 日—2021 年 1 月 10 日	湖南美术馆	省级	教文体娱类
188	《长沙很行》城市影像艺术展	长沙银行、谢子龙影像艺术馆	谢子龙影像艺术馆	2020 年 12 月 11 日—31 日	谢子龙影像艺术馆	市级及以下	教文体娱类
189	2020 一乡一品国际商品博览会	中国民族贸易促进会、长沙市人民政府	中国民贸一乡一品产业促进中心	2020 年 12 月 11 日—13 日	湖南国际会展中心	省级	农林牧渔矿类
190	“‘齐家’明清以来人物画中的家族生活与信仰”专题展	龙美术馆、湖南省博物馆、长沙大观文化馆	湖南省博物馆	2020 年 12 月 12 日—2021 年 3 月 7 日	龙美术馆	省级	教文体娱类
191	怀素草书作品展	湖南国画馆	湖南国画馆	2020 年 12 月 12 日—18 日	湖南国画馆	省级	教文体娱类

续表

序号	展会名称	主办单位	承办单位	时间	举办地点	展会级别	展会类别
192	第八届年货狂捞节暨中部地区生活必需品零售供应链博览会	湖南狂捞信息科技有限公司	湖南狂捞信息科技有限公司	2020年12月15日—16日	长沙红星国际会展中心	省级	制造类
193	2020中部（长沙）国际乐器演艺产业博览会	湖南省音乐家协会指导、中华儿童文化艺术促进会、长沙市音乐家协会、长沙市演艺设备行业协会	湖南盛世丝路国际会展有限公司	2020年12月18日—20日	长沙国际会展中心	省级	教文体娱类
194	“童年的天空”第四回展——“稚”·2020年儿童原创书画艺术展	长沙市青少年艺术工作者协会、长沙简牍博物馆、长沙美庐美术馆	溢美教育平台	2020年12月19日—27日	长沙美庐美术馆	市级及以下	教文体娱类
195	2020困居北非158天李自健百幅素描油画展	李自健美术馆	李自健美术馆	2020年12月20日—2021年2月28日	李自健美术馆	市级及以下	教文体娱类
196	纪念毛泽东诞辰127周年书画展	八一书画院、中国红色文化书画家协会和湖南省浙江商会	湖南省展览馆	2020年12月20日—22日	湖南省展览馆	省级	教文体娱类
197	“潇湘韵致”——长沙市书法家协会第八届小品展	中共长沙市委宣传部、长沙市文学艺术界联合会	长沙市书法家协会	2020年12月22日—24日	湖南省纸本艺术馆	市级及以下	教文体娱类
198	襟怀若水——胡六皆书法作品展	湖南省文联、中共长沙市委宣传部、长沙市文联、湖南省书协、湖南省画院	长沙市书协、逸点艺术机构	2020年12月22日—26日	湖南省画院美术馆	省级	教文体娱类

续表

序号	展会名称	主办单位	承办单位	时间	举办地点	展会级别	展会类别
199	2020第十三届湖南国际现代种业博览会	武汉鸿兴展览有限公司	武汉鸿兴展览有限公司	2020年12月25日—26日	湖南国际会展中心	省级	农林牧渔矿类
200	砺剑铸魂——纪念中国人民志愿军抗美援朝出国作战70周年军旅诗词书法作品展	国家艺术基金、国防科技大学文理学院	湖南省书法家协会	2020年12月27日—31日	湖南国画馆	省级	教文体娱类
201	龙翔九天——元明清御用瓷器特展	长沙市文化旅游广电局	长沙博物馆、保利艺术博物馆、景德镇市陶瓷考古研究所、景德镇御窑博物馆	2020年12月28日—2021年3月28日	长沙博物馆	市级及以下	教文体娱类
202	“迎新年 乐小康”湖南非遗助力乡村振兴展示展销活动	湖南省文化和旅游厅	湖南海雯文旅发展有限公司	2020年12月31日—2021年1月2日	长沙	省级	农林牧渔矿类

二、2020年度会议列表

序号	会议名称	主办单位	承办单位	举办时间	举办地点	会议级别	所属国民经济行业
1	海囤家年会	海囤	湖南锐智国际会展有限公司	2020年1月3日	长沙	省级会议	租赁和商务服务类
2	湖南数字化产业发展趋势论坛暨2020湖南数字化联盟迎新年会	湖南数字化联盟	湖南锐智国际会展有限公司	2020年1月4日	步步高福朋喜来登酒店	省级会议	信息、软件和科学技术服务类
3	长沙市家居协会第五届换届年会	大汉控股集团、邵商投资有限公司、百家汇投资有限公司		2020年1月11日	大汉金桥华美达广场酒店	市级及以下	建筑和房地产类
4	2020点石家装及名匠装饰企业年会	湖南点石装饰设计工程有限公司		2020年1月15日—16日	长沙国际会展中心	市级及以下	建筑和房地产类
5	2020年全省卫生健康工作会议	湖南省卫生健康委员会		2020年1月19日	长沙	省级会议	卫生和社会工作类
6	"一带一路"青年创意与遗产论坛	联合国教科文组织、中国联合国教科文组织全国委员会、南京市人民政府、长沙市人民政府		2020年5月20日	长沙	国际会议	教文体娱类
7	"锦绣潇湘旅游卡"新闻发布会	湖南省旅游局	中国工商银行湖南省分行、中移电子商务有限公司、湖南楚游通旅游有限公司	2020年5月28日	长沙	省级会议	租赁和商务服务类

续表

序号	会议名称	主办单位	承办单位	举办时间	举办地点	会议级别	所属国民经济行业
8	疫情防控常态化下会展业复苏与发展研讨会	长沙市人民政府、中国会展经济研究会		2020年5月30日	长沙	国家级会议	租赁和商务服务类
9	2020年中国印刷业创新发展及前沿技术高峰论坛	中国印刷及设备器材工业协会、湖南省印刷协会、长沙市委宣传部	中国印工协包装印刷分会、湖南省展览馆、长沙市印刷协会	2020年6月7日	长沙	国家级会议	制造类
10	2020中国药店管理峰会	《21世纪药店》、中国药店管理学院	广东二十一世纪药店报有限公司	2020年6月11日	圣爵菲斯大酒店	国家级会议	卫生和社会工作类
11	澳优能力多全员会议	澳优	湖南锐智国际会展有限公司	2020年7月14日	灰汤	市级及以下	租赁和商务服务类
12	2020湖南应急安全技术装备博览会暨创新论坛	湖南省消防协会	湖南合佳创会展服务有限公司	2020年7月24日—26日	长沙国际会展中心	省级会议	制造类
13	湖南数字化产业高峰论坛	湖南数字化联盟	湖南锐智国际会展有限公司	2020年7月25日	长沙梅溪湖	省级会议	信息、软件和科学技术服务类
14	人寿保险湖南分公司八九联动业务启动大会	中国人寿保险	湖南锐智国际会展有限公司	2020年7月27日	长沙	省级会议	金融类
15	中国康复医学会脑血管病大会	中国康复医学会	中国康复医学会脑血管病专业委员会	2020年8月6日	万家丽国际大酒店	国家级会议	卫生和社会工作类
16	2020中国人寿保险工作会议	中国人寿湖南分公司	湖南锐智国际会展有限公司	2020年8月7日	长沙	省级会议	金融类

续表

序号	会议名称	主办单位	承办单位	举办时间	举办地点	会议级别	所属国民经济行业
17	中国汽车新消费论坛	中国汽车工业协会	汽车之家	2020年8月18日	长沙国际会展中心	国家级会议	制造类
18	长沙大健康产业峰会暨第四届岳麓论坛	长沙金霞经开区、恒昌医药集团		2020年8月18日	长沙	市级及以下	卫生和社会工作类
19	2020年中国（湖南）房地产发展高峰论坛	湖南省房地产业协会		2020年8月19日	长沙市	省级会议	建筑和房地产类
20	第十届南方七省放射学学术大会	湖南省医学会放射学专业委员会、湖南省医学会影像技术专业委员会、湖南省医学教育科技协会、影像科技与教育专业委员会	中南大学湘雅三医院	2020年8月21日—23日	长沙	国家级会议	卫生和社会工作类
21	中国首届原创绘本论坛	场景实验室、布谷学习	湖南锐智国际会展有限公司	2020年8月22日	长沙·瑞吉酒店	省级会议	教文体娱类
22	2020中国产业区块链峰会	中国物流与采购联合会区块链应用分会	中国计算机学会区块链专业委员会、中国区块链技术和产业发展论坛、湖南省物流与采购联合会、腾讯云计算（北京）有限公司	2020年8月27日	凯宾斯基酒店	国家级会议	信息、软件和科学技术服务类

续表

序号	会议名称	主办单位	承办单位	举办时间	举办地点	会议级别	所属国民经济行业
23	2020 第二届中国食品供应链大会	中国副食流通协会	中国副食流通协会食品安全与信息追溯分会、中国副食流通协会采购与供应链专业委员会、湖南华诚生物资源股份有限公司	2020 年 8 月 27 日—28 日	长沙	国家级会议	其他类
24	2020 中国畜牧业数字化智能化转型高峰论坛	中国畜牧业协会	江苏深农智能科技有限公司	2020 年 9 月 5 日	长沙国际会展中心	国家级会议	农林牧渔矿类
25	新形势下的数字经济发展论坛	腾讯	湖南锐智国际会展有限公司	2020 年 9 月 7 日	长沙	市级及以下	信息、软件和科学技术服务类
26	2020 互联网岳麓峰会	湖南省互联网信息管理办公室、湖南省工业和信息化厅、湖南湘江新区管理委员会、湖南网络社会组织联合会	长沙高新区管理委员会	2020 年 9 月 7 日—9 日	湖南圣爵菲斯大酒店	国家级会议	信息、软件和科学技术服务类
27	岳麓峰会湘潭专场	湘潭工信局	湖南锐智国际会展有限公司	2020 年 9 月 8 日	长沙	市级及以下	信息、软件和科学技术服务类
28	第十届湘雅药学国际论坛	湘雅药学部	湖南锐智国际会展有限公司	2020 年 9 月 11 日	长沙	国际会议	卫生和社会工作类

续表

序号	会议名称	主办单位	承办单位	举办时间	举办地点	会议级别	所属国民经济行业
29	2020年湖南省医学会妇产科专业委员会学术年会	湖南省医学会妇产医学专业委员会		2020年9月11日—12日	长沙世纪金源大饭店	省级会议	卫生和社会工作类
30	湖南省2020年中医药和中西医结合学会学术年会暨学组扩大会议	中国中西医结合学会脑心同治专业委员会、湖南省中医药和中西医结合学会脑心同治专业委员会基层慢性病学组		2020年9月21日	长沙	省级会议	卫生和社会工作类
31	中国医院协会病案专业委员会第29届病案学术年会	中国医院协会病案专业委员会		2020年9月24日—25日	圣爵菲斯大酒店	国家级会议	卫生和社会工作类
32	2020国庆中秋假日文化艺术旅游新闻发布会	湖南省文化和旅游厅	湖南省委宣传部	2020年9月25日	长沙	省级会议	教文体娱类
33	湖南省医学会生殖医学专业委员会2020年学术年会	湖南省医学会生殖医学专业委员会	中南大学湘雅二医院	2020年9月26日—27日	蓉园宾馆	省级会议	卫生和社会工作类
34	国窖答谢会	国窖	湖南锐智国际会展有限公司	2020年10月2日	长沙	市级及以下	租赁和商务服务类

续表

序号	会议名称	主办单位	承办单位	举办时间	举办地点	会议级别	所属国民经济行业
35	2020（长沙）国际稻作发展论坛	长沙市人民政府、湖南省农科院、湖南农业大学、国家杂交水稻工程技术研究中心、国际稻作发展论坛理事会、湖南省袁隆平农业科技奖励基金会、湖南省作物学会、湖南省农学会	长沙县人民政府、长沙市会展工作管理办公室	2020 年 10 月 16 日—18 日	长沙国际会展中心	国际会议	农林牧渔矿类
36	第三届中国乡村产业博览会暨中国乡村产业发展研讨会	长沙市人民政府、湖南省农业科学院、湖南农业大学	中国小康建设研究会乡村产业发展委员会和湖南农业大学经济学院	2020 年 10 月 17 日	长沙国际会展中心	国家级会议	农林牧渔矿类
37	第七届大型公立医院发展高峰会议	健康报社、中南大学湘雅医院	中国医科大学附属盛京医院、华中科技大学同济医学院附属协和医院、四川大学华西医院、浙江大学医学院附属邵逸夫医院、中日友好医院、吉林大学第一医院	2020 年 10 月 17 日	湖南佳兴世尊酒店	国家级会议	卫生和社会工作类

续表

序号	会议名称	主办单位	承办单位	举办时间	举办地点	会议级别	所属国民经济行业
38	第三届信用法治·韶山论坛	湘潭大学	湘潭大学信用风险管理学院、永雄—杜兰国际信用法律研究中心、湖南省法学会社会信用体系法治保障研究会	2020 年 10 月 17 日	长沙市	省级会议	公共管理类
39	第八届中国数据挖掘会议	中国计算机学会、中国人工智能学会	湖南大学、湖南省计算机学会	2020 年 10 月 21 日	长沙	国家级会议	信息、软件和科学技术服务类
40	湖南省抗癌协会肿瘤影像专业委员会第一届第三次学术年会	湖南省抗癌协会肿瘤影像专业委员会、湖南省中医药和中西医结合学会医学影像专委会、湖南省医学会放射学专业委员会儿科学组、长沙市放射诊断质控中心、湖南省肿瘤医院	湖南省人民医院、湖南省儿童医院、长沙市第一医院	2020 年 10 月 23 日	西雅温德姆	省级会议	卫生和社会工作类
41	“长沙·中国 1024 程序员节”2020 开源技术英雄会	CSDN	湖南锐智国际会展有限公司	2020 年 10 月 24 日	长沙	国家级会议	信息、软件和科学技术服务类
42	2020“绿行家”启动会	绿色潇湘	湖南锐智国际会展有限公司	2020 年 10 月 24 日	长沙	省级会议	教文体娱类

续表

序号	会议名称	主办单位	承办单位	举办时间	举办地点	会议级别	所属国民经济行业
43	融创华中区域集团湖南公司誓师动员大会	融创华中区域集团湖南公司		2020年10月26日	长沙国际会展中心	省级会议	租赁和商务服务类
44	2020中国城市夜间经济发展峰会	中国商业联合会、湖南省商务厅、长沙市人民政府	中国商业联合会商业创新分会、长沙市商务局、长沙市文旅广电局、长沙市会展工作管理办公室	2020年10月28日	君悦酒店	国家级会议	租赁和商务服务类
45	第五届全国肝胆胰外科高峰论坛	国际肝胆胰协会中国分会、国际肝胆胰协会中国分会胆道结石专业委员会、中国腹腔镜肝切除技术发展与推广专家委员会、中国抗癌协会肿瘤微创治疗委员会胆道肿瘤微创及综合治疗分会、湖南省医学会肝胆外科学专业委员会、湖南省普外腹腔镜技术联盟、湖南省普外腹腔镜质量控制中心	湖南省人民医院 陆军军医大学附属西南医院	2020年10月29日—31日	长沙碧桂园凤凰酒店	国家级会议	卫生和社会工作类

续表

序号	会议名称	主办单位	承办单位	举办时间	举办地点	会议级别	所属国民经济行业
46	2020 湖南省医学会检验医学学术会议	湖南省医学会检验专业委员会	中南大学湘雅三医院	2020 年 10 月 29 日—31 日	湖南佳兴世尊酒店	省级会议	卫生和社会工作类
47	第三届“策展在中国”论坛暨 2020 年中国美术家协会策展委员会年会	中国美术家协会策展委员会、湖南美术馆		2020 年 11 月 3 日	湖南美术馆	国家级会议	教文体娱类
48	2020 世界计算机大会	湖南省人民政府、工业和信息化部	中国电子信息产业发展研究院、湖南省工业和信息化厅、长沙市人民政府	2020 年 11 月 3 日—4 日	长沙	国际会议	信息、软件和科学技术服务类
49	湖南省企业家年会	湖南省企业和工业联合会	湖南锐智国际会展有限公司	2020 年 11 月 4 日	长沙	省级会议	租赁和商务服务类
50	中国先进材料产业创新与发展大会	中国科协先进材料学会联合体、湖南省工业和信息化厅、湖南省科学技术厅、湖南省商务厅、湖南省科学技术协会、长沙市人民政府、中南大学	湖南省新材料产业协会、湖南力量之都国际展览有限公司	2020 年 11 月 6 日—8 日	圣爵菲斯大酒店	国家级会议	制造类

续表

序号	会议名称	主办单位	承办单位	举办时间	举办地点	会议级别	所属国民经济行业
51	第三届中国出血大会	中国研究型医院学会出血专业委员会、湖南省医学会	湖南省医学会介入医学专业委员会、湖南省医学会急诊医学专业委员会、湖南出血联盟、湖南省人民医院	2020 年 11 月 12 日—15 日	华天大酒店	国家级会议	卫生和社会工作类
52	第三届省药学大会	湖南省药学会	湖南锐智国际会展有限公司	2020 年 11 月 13 日	长沙	省级会议	卫生和社会工作类
53	2020 中部（长沙）人工智能产业博览会暨创新发展论坛	湖南湘江新区管理委员会、湖南日报报业集团有限公司、湖南省人工智能协会、湖南省智能家居产业协会	湖南日报全媒体发展有限公司、湖南湘江智能科技创新中心有限公司、湖南合佳创会展服务有限公司	2020 年 11 月 13 日—15 日	长沙国际会展中心	省级会议	信息、软件和科学技术服务类
54	第十五届中国成长型医药企业发展论坛	中国医药物资协会、长沙市人民政府		2020 年 11 月 13 日—16 日	长沙国际会议中心	国家级会议	卫生和社会工作类
55	第六届中国民营企业合作大会	中国个体劳动者协会、长沙市人民政府、湖南省市场监督管理局	湖南锐智国际会展有限公司	2020 年 11 月 14 日—15 日	梅溪湖大剧院	国家级会议	租赁和商务服务类
56	第七届高分辨率对地观测学术年会	国防科技大学	湖南锐智国际会展有限公司	2020 年 11 月 16 日	长沙	国家级会议	信息、软件和科学技术服务类
57	中国国际私法学会年会	中国国际私法学会	中南大学法学院	2020 年 11 月 17 日	长沙	国家级会议	租赁和商务服务类

续表

序号	会议名称	主办单位	承办单位	举办时间	举办地点	会议级别	所属国民经济行业
58	“2020点亮文旅夜经济——激发市场新活力”湖南文化和旅游高质量发展大讲堂	湖南省文化和旅游厅	湖南省旅游学会	2020年11月19日	长沙新华联铜官窑古镇景区	省级会议	租赁和商务服务类
59	2020中国新媒体大会	中共中央网络安全和信息化委员会办公室、国家广播电视总局、湖南省人民政府、中华全国新闻工作者协会、中共湖南省委宣传部	中华全国新闻工作者协会新媒体专业委员会、中共湖南省委网络安全和信息化委员会办公室、湖南省广播电视局、湖南省新闻工作者协会、长沙市人民政府	2020年11月19日—20日	长沙	国家级会议	教文体娱类
60	湖南省超声医学2020年学术年会	湖南省超声医学工程学会、湖南省医学会超声医学专业委员会、湖南省医师协会超声分会、湖南省超声诊断质量控制中心		2020年11月20日	湖南宾馆	省级会议	卫生和社会工作类
61	2020年湖南省医师协会麻醉医师分会学术年会	中华医学会、中华医学会麻醉学分会		2020年11月21日		省级会议	卫生和社会工作类
62	2020中国移动全球合作伙伴大会	中国移动		2020年11月21日	长沙	市级及以下	信息、软件和科学技术服务类

续表

序号	会议名称	主办单位	承办单位	举办时间	举办地点	会议级别	所属国民经济行业
63	湖南省第六届中小企业服务大会	湖南省工业和信息化厅		2020年11月24日	长沙	省级会议	租赁和商务服务类
64	第十四届全国研究生生物质能研讨会	中国可再生能源学会生物质能专业委员会、生物质能源产业技术创新战略联盟、林业生物质能源与材料技术创新战略联盟、湖南省林业科学院	省部共建木本油资源利用国家重点实验室、南方木油料产业国家创新战略联盟	2020年11月25日	华雅酒店	国家级会议	信息、软件和科学技术服务类
65	湖南省互联网安全培训会	湖南省工业厅	湖南锐智国际会展有限公司	2020年11月26日	长沙	省级会议	信息、软件和科学技术服务类
66	湖南省医疗保险年会	湖南省人民医院	湖南锐智国际会展有限公司	2020年11月26日	长沙	省级会议	卫生和社会工作类

续表

序号	会议名称	主办单位	承办单位	举办时间	举办地点	会议级别	所属国民经济行业
67	2020 长沙网络安全·智能制造大会	湖南省委网信办、湖南省工业和信息化厅、湖南省通信管理局、湖南省科学技术协会、长沙市人民政府、中国电子信息产业集团	长沙市委网络安全和信息化委员会办公室、长沙市工业和信息化局、长沙市会展工作管理办公室、长沙市科学技术协会、湖南湘江新区管理委员会产业促进局、中国中电国际信息服务有限公司、中国长城科技集团股份有限公司、中电工业互联网有限公司	2020 年 11 月 28 日—30 日	长沙国际会展中心	省级会议	信息、软件和科学技术服务类
68	2020 第四届航天航空航海产业发展论坛暨航天先进制造技术国际研讨会	中国航天科技集团有限公司	中国空间技术研究院、长沙市人民政府	2020 年 12 月 1 日—2 日	长沙	国家级会议	制造类
69	海尔经销商年会会议	海尔		2020 年 12 月 2 日	圣爵菲斯大酒店	市级及以下	租赁和商务服务类
70	聚湖湘 赢未来 2020 跨境新机遇·电商生态发展论坛	长沙金霞保税物流中心管理委员会	天泽信息产业股份有限公司、深圳市有棵树科技有限公司	2020 年 12 月 3 日	长沙市	省级会议	租赁和商务服务类
71	2021 海尔厨电产业战略启动会	海尔厨电		2020 年 12 月 3 日	圣爵菲斯大酒店	市级及以下	制造类

续表

序号	会议名称	主办单位	承办单位	举办时间	举办地点	会议级别	所属国民经济行业
72	第五届潇湘重症肾脏与血液净化高峰论坛	国家老年疾病临床医学研究中心（湘雅）、中南大学湘雅医院医联体重症医学专科联盟、中南大学湘雅医院重症医学科		2020 年 12 月 5 日	好来登酒店	国家级会议	卫生和社会工作类
73	全国地质灾害防治新技术新装备新标准交流会	中国地质灾害防治工程行业协会、中国地质环境监测院（自然资源部地质灾害技术指导中心）	湖南省地质灾害防治学会	2020 年 12 月 8 日—9 日	圣爵菲斯大酒店	国家级会议	信息、软件和科学技术服务类
74	2020 第三届光电材料与器件发展研讨会	光电材料器件网、中南大学、中国光电产业平台	中南大学化学化工学院、中南大学物理与电子学院、湖南大学材料科学与工程学院等	2020 年 12 月 11 日	时代华瑞大酒店	国家级会议	信息、软件和科学技术服务类
75	2020 湖南省智慧文旅发展论坛	湖南省文化和旅游厅	中国联通湖南省分公司	2020 年 12 月 11 日	长沙	省级会议	教文体娱类
76	第九届湘雅脑血管病国际论坛	湖南省神经科学学会、中南大学湘雅医院、湖南省脑卒中医疗质量控制中心		2020 年 12 月 11 日—12 日	世纪金源大饭店	国际会议	卫生和社会工作类

续表

序号	会议名称	主办单位	承办单位	举办时间	举办地点	会议级别	所属国民经济行业
77	2020第十六届中国肿瘤微创治疗大会	中国抗癌协会肿瘤微创治疗专业委员会、湖南省抗癌协会肿瘤微创介入治疗专业委员会	湖南省人民医院、中山大学肿瘤防治中心	2020年12月11日—13日	长沙金茂梅溪湖豪华精选酒店	国家级会议	卫生和社会工作类
78	第十六届（2020）全国结直肠肛门外科新技术新进展研讨会	中国医师协会肛肠医师分会、中国医师协会结直肠肿瘤专业委员会、中国抗癌协会大肠癌专业委员会、中国医师协会结直肠肿瘤分会早诊早治专业委员会、中国医师协会中西结合分会肛肠疾病专业委员会、湖南省医学会外科学专业委员会结直肠肛门外科学组	湖南省人民医院结直肠肛门外科	2020年12月11日—13日	神农大酒店	国家级会议	卫生和社会工作类
79	湖南移动订货会	中国移动	湖南锐智国际会展有限公司	2020年12月15日	长沙	市级及以下	信息、软件和科学技术服务类

续表

序号	会议名称	主办单位	承办单位	举办时间	举办地点	会议级别	所属国民经济行业
80	2020 第九届湖南省消化内镜及消化疾病周（HNDDW）、第五届湖南省超声内镜年会、第二届湖南省医师协会消化医师分会学术年会暨第二届消化疾病及消化内镜微创诊疗护理新进展学习班	湘雅三医院消化内科	湖南省医师协会消化医师分会、湖南省医学会超声内镜学组、中华医学会消化内镜学分会继续教育协作组、“非可控性炎症与肿瘤”湖南省重点实验室、中南大学消化内镜微创诊治研究中心	2020 年 12 月 15 日—19 日	长沙	省级会议	卫生和社会工作类
81	第三届中国诗词教学大会	中国教育发展战略学会	长沙诺贝尔摇篮教育集团、北京梦想教育科技有限公司	2020 年 12 月 25 日—27 日	长沙	国家级会议	教文体娱类
82	2020 阿斯利康内部年会	阿斯利康		2020 年 12 月 28 日—30 日	凯宾豪廷会议	市级及以下	卫生和社会工作类

三、2020年度节事活动列表

序号	节事名称	主办单位	承办单位	举办时间	举办地点	类型
1	长沙宁乡第八届灰汤温泉节	湖南长沙灰汤温泉国际旅游度假区管理局、灰汤镇人民政府、宁乡市文化旅游投资有限公司	湖南湘一灰汤鸭、湖南灰汤金太阳温泉农庄、雅居乐、依云小镇	2019年12月28日—2020年1月18日	灰汤温泉度假区游客中心	自然景观类
2	第三届“年味宁乡”喜乐会	宁乡市委、市政府	宁乡市委宣传部、宁乡市新时代文明实践中心办公室	2020年1月17日	宁乡市新时代文明实践中心	民俗风情类
3	2020年长沙火宫殿城大庙会	长沙市天心区委、区政府	天心区委宣传部、天心区文明办	2020年1月18日—2月8日	长沙火宫殿	民俗风情类
4	“文化有新意、书香过大年”活动	长沙图书馆	长沙图书馆	2020年1月18日—2月8日	长沙图书馆	民俗风情类
5	嗨购雨花2020春季购物消费节暨名花名车展	长沙市雨花区政府、湖南省森林植物园	长沙市雨花区商务局、长沙市雨花区文化旅游体育局、长沙市雨花区市场监督管理局、长沙市雨花区各街道（镇）办事处和长沙晚报传媒集团有限公司	2020年3月—6月	湖南省植物园世界名花广场	综合类
6	2020年长沙浏阳大围山杜鹃花节	浏阳市人民政府	浏阳市大围山国家森林公园管理处、浏阳市林业局和浏阳市文旅广（体）局	2020年4月20日—5月20日	浏阳市大围山森林公园	自然景观类
7	2020年第九届长沙金融服务节	长沙市金融办、长沙市工商联、长沙晚报社	长沙市雨花区金融事务中心	2020年4月27日	长沙市雨花区	综合类
8	长沙县第五届村（社区）文化艺术节	中共长沙县委宣传部、长沙市文化旅游广电局	长沙县果园镇人民政府	2020年4月28日	长沙县果园镇田汉文化园	历史文化类

续表

序号	节事名称	主办单位	承办单位	举办时间	举办地点	类型
9	2020湖南汽车展览会暨长沙首届汽车消费节	湖南日报社、长沙晚报社、湖南省汽车商会联合	长沙晚报、三湘都市报、湖南省汽车商会	2020年4月30日—5月5日	湖南国际会展中心	综合类
10	长沙市第九届全民健身节	长沙市体育局	长沙市体育发展基金会、长沙市体育产业协会	2020年5月23日	长沙市百城康祺健身双塔店	运动休闲类
11	2020首届中国机主节	中国机械工业联合会、中国工程机械学会、湖南省工业和信息化厅、湖南省商务厅、湖南省贸促会和长沙市人民政府	湖南力量之都展览有限公司	2020年6月4日—6日	长沙国际会展中心	综合类
12	第28届长沙车展	团车网	团圆网络科技（北京）有限公司	2020年6月6日—7日	湖南国际会展中心	综合类
13	长沙县首届美食文化旅游节	长沙县人民政府	长沙县文化旅游广电体育局、长沙县商务局、长龙街道办事处、星沙街道办事处、开慧镇人民政府	2020年6月20日	长沙县长龙街道	物产餐饮类
14	长沙县夜经济嗨购节	长沙县人民政府	长沙县商务局	2020年6月24日-8月31日	长沙县松雅湖吾悦广场	娱乐游憩类
15	2020惠民团车节	团圆网络科技（北京）有限公司	湖南国际会展中心	2020年7月4日—5日	湖南国际会展中心	综合类
16	“蝶舞七月 花样开福”开福毕业消费季活动	湖南快乐阳光互动娱乐传媒有限公司	湖南广播影视集团有限公司	2020年7月—8月15日	长沙市华创国际广场	娱乐游憩类
17	“夜惠美 玩聚不夜天”主题活动	湖南快乐阳光互动娱乐传媒有限公司	湖南广播影视集团有限公司	2020年7月—8月	长沙市吾悦广场	物产餐饮类

续表

序号	节事名称	主办单位	承办单位	举办时间	举办地点	类型
18	长沙市“护苗2020”绿色阅读活动	长沙市扫黄打非办、新华书店	长沙县扫黄打非办、长沙县福临镇	2020 年 7 月 13 日	长沙县临福镇陈树湘红军小学	历史文化类
19	长沙市新森林法宣传月活动	长沙市林业局	长沙市林业局	2020 年 7 月 15 日	长沙市雨花区跳马镇	历史文化类
20	2020 威尼斯狂欢节	华谊兄弟（长沙）电影小镇	华谊兄弟（长沙）电影小镇	2020 年 7 月 18 日—9 月 20 日	华谊兄弟（长沙）电影小镇	娱乐游憩类
21	“芙蓉之芯”湖南地州市主题周活动	长沙市芙蓉区政府	长沙市芙蓉区商务局	2020 年 7 月 20 日—10 月 18 日	长沙市芙蓉区	综合类
22	都正街老街美食节		长沙市都正街老街	2020 年 7 月 20 日—8 月 19 日	长沙市都正街老街	物产餐饮类
23	“新媒幻景 烟火留诗”长沙铜官媒体艺术季	长沙新华联铜官窑国际文化旅游开发有限公司、湖南知行动力文化科技有限公司	长沙市望城区铜官窑古镇景区	2020 年 7 月 26 日	长沙市望城区铜官窑古镇	历史文化类
24	湖南浏阳·淳口（枫林湖）首届“消费扶贫社群节”	湖南省政协、浏阳市政府	浏阳市政府	2020 年 7 月 26 日	浏阳市淳口镇	物产餐饮类
25	湖南省第九届网络文化节暨“2020 青春芒果节”	芒果超媒股份有限公司、湖南快乐阳光互动娱乐传媒有限公司	湖南广播影视集团有限公司	2020 年 7 月 31 日	湖南国际会展中心	娱乐游憩类
26	“心动晚八点”宝贝秒回家	长沙县人民政府	长沙县商务局	2020 年 7 月—8 月	长沙县	娱乐游憩类
27	品浏阳河源头鲜果·大围山夏季清凉——第十一届大围山水果节	浏阳市人民政府	浏阳市人民政府	2020 年 7 月—8 月 25 日	大围山	物产餐饮类

续表

序号	节事名称	主办单位	承办单位	举办时间	举办地点	类型
28	“我是大民星”全民K歌节	长沙县人民政府	长沙县商务局	2020年7月—8月28日	长沙县星沙万象汇	娱乐游憩类
29	首届夜星城消费节	长沙市人民政府	长沙市商务局、长沙市文化旅游广电局、长沙市会展办	2020年7月30日—10月28日	长沙市范围	物产餐饮类
30	“凤凰市集之网红夜市”系列活动	中共长沙市岳麓区委员会、长沙市岳麓区人民政府	长沙市岳麓区商务局	2020年7月—10月	长沙市阳光100凤凰街	物产餐饮类
31	“乐享岳麓·虾吃e夏”岳麓区夜经济升温季	中共长沙市岳麓区委员会、长沙市岳麓区人民政府	长沙市岳麓区商务局	2020年7月—10月	长沙市渔人码头	物产餐饮类
32	2020信创人才产教融合共建计划暨湖南信创生态企业运动文化节	长沙市信息安全产业技术创新战略联盟、长沙市软件和信息技术服务业促进会	中共拓维信息系统股份有限公司委员会、拓维信息系统股份有限公司	2020年8月7日	国家网络安全产业园区	历史文化类
33	潮牌运动节	长沙市天心区人民政府	长沙市坡子街街道、长沙市黄兴南路步行街管理委员会办公室、长沙黄兴南路步行街商业管理有限公司	2020年8月7日—9日	长沙市黄兴路步行街	运动休闲类
34	第二届中国湘菜美食文化节	中国烹饪协会、省商务厅、省农办、湖南日报报业集团、湖南省湘菜产业促进会联合	长沙华天大酒店	2020年8月9日	长沙华天大酒店	物产餐饮类
35	2020长沙铜官窑古镇两周年庆典活动	新华联文旅发展公司	新华联文旅发展公司	2020年8月28日—29日	长沙新华联铜官窑古镇	历史文化类

续表

序号	节事名称	主办单位	承办单位	举办时间	举办地点	类型
36	2020湖南宁乡炭河古城辣椒节	宁乡市人民政府	宁乡市委宣传部、宁乡市文化旅游广播体育局、宁乡市沩山风景名胜区管理委员会、宁乡市农业农村局、宁乡市黄材镇、宁乡市炭河里遗址管理处、宁乡市文化旅游投资有限公司、宁乡市融媒体中心	2020年8月29日	宁乡·炭河古城	物产餐饮类
37	中石化易捷第三届易享节	中国石油化工集团有限公司	北京华夏实华文化发展有限公司	2020年9月10日—11日	湖南国际会展中心	综合类
38	2020麓谷汽车文化节活动	长沙麓谷汽车世界投资开发有限公司	红网传媒	2020年9月16日	长沙步步高梅溪新天地广场	历史文化类
39	中国人民保险第六届购车节暨第三届浏阳人保购车节	浏阳市集里街道办事处、中国人民财产保险股份有限公司浏阳支公司	浏阳市融媒体中心	2020年9月18日—20日	浏阳市体育运动中心	综合类
40	2020年全国科普日长沙主场活动	长沙市直相关部门联合芙蓉区政府	长沙市各级科协、宣传、教育、科技、水利、农业、卫生、应急系统等部门单位	2020年9月19日	长沙隆平水稻博物馆	历史文化类
41	马王堆海鲜市场夜宵狂欢节	长沙马王堆农产品股份有限公司		2020年9月19日—20日	长沙马王堆海鲜市场	物产餐饮类
42	2020中国农民丰收节（长沙）暨第二届长沙农民大学生创新创业节	中共长沙市委组织部、长沙市教育局	长沙广播电视大学、宁乡市大成桥镇鹊山村	2020年9月22日	宁乡市大成桥镇鹊山村	综合类

续表

序号	节事名称	主办单位	承办单位	举办时间	举办地点	类型
43	2020 雅砻文化旅游节	雅砻文化旅游节组委会	湖南省援藏援疆办、湖南省发改委、湖南省文旅厅、湖南省商务厅、湖南省工商联、山南市 2020 雅砻文化旅游节组委会、湖南省第九批援藏工作队	2020 年 9 月 25 日	长沙	历史文化类
44	2020 年岳麓书院祭孔大典	湖南大学岳麓书院	湖南大学岳麓书院发展基金、大成国学基金	2020 年 9 月 28 日	湖南大学岳麓书院文庙	历史文化类
45	“秋之梦 • 心之旅”长沙县秋季消费节暨首届名宿帐篷露营节	长沙市文化旅游广电局、长沙市商务局、长沙县人民政府	长沙县委宣传部、长沙县文旅局、长沙县商务局、开慧镇人民政府	2020 年 9 月 30 日—10 月 1 日	长沙县开慧镇慧润国际露营基地	综合类
46	“我们的节日 • 中秋”未成年人文明旅游倡导活动	长沙市委宣传部（市文明办）、长沙市文化旅游广电局、天心区精神文明建设委员会		2020 年 10 月 1 日	黄兴南路步行街黄兴广场	历史文化类
47	“新青年 • 新文化 •新长沙”人文艺术节	长沙市岳麓区政府	长沙市岳麓区委宣传部、长沙市岳麓区文化旅游体育局	2020 年 10 月 1 日—11 月中旬	阳光 100、凤凰街中央海盗船广场	历史文化类
48	长沙铜官窑古镇梦幻光影节		长沙新华联铜官窑古镇	2020 年 10 月 1 日—8 日	长沙新华联铜官窑古镇	历史文化类
49	“花好月圆 相约灰汤”2020 灰汤温泉民谣音乐节	湖南长沙灰汤温泉国际旅游度假区管理局、宁乡市文化旅游广电体育局、宁乡市文化旅游投资有限公司	星辰在线	2020 年 10 月 2 日—4 日	灰汤旅游度假区紫龙湖东岸线枫树湾草甸	娱乐游憩类

续表

序号	节事名称	主办单位	承办单位	举办时间	举办地点	类型
50	2020第九届GCC长沙吉他艺术节	长沙市委宣传部、长沙市文化旅游广电局、长沙市广播电视台（集团）、长沙市文学艺术界联合会	湖南省文化艺术基金会、湖南弦德文化传播有限公司	2020年10月3日—7日	长沙音乐厅麓山厅	娱乐游憩类
51	第二届卡车音乐节	三一重卡		2020年10月7日-9日	湖南长沙三一工业园	娱乐游憩类
52	“弘扬抗疫精神，护佑心理健康”世界精神卫生日主题宣传活动——湖南大学生精神卫生知识科普月活动	湖南省卫生健康委、湖南省教育厅、湖南大学	湖南省脑科医院、湖南省精神卫生中心	2020年10月10日	湖南大学	综合类
53	第十三届中国金鹰电视艺术节	中国文学艺术界联合会、湖南省人民政府、中国电视艺术家协会、湖南省广播电视局	湖南广电传媒股份有限公司	2020年10月16日—18日	湖南国际会展中心	娱乐游憩类
54	2020长沙草莓音乐节	北京摩登天空文化发展有限公司	中南国际会展、893电台	2020年10月16日—18日	长沙国际会展中心	娱乐游憩类
55	2020年“诚信兴商宣传月”活动	湖南省商务厅	长沙市商务局	2020年10月22日	长沙市黄兴广场	综合类
56	2020年“敬老月”系列活动		浏阳市卫健局、浏阳市计划生育协会、浏阳市集里医院	2022年10月22日	浏阳市古港镇三口村	民俗风情类
57	和馨园社区第六届群众文化艺术节暨“孝暖和馨·爱在重阳”	长沙市高新区麓谷街道办事处	长沙市高新区麓谷街道和馨园社区、长沙市岳麓区微点公益服务中心	2020年10月22日	长沙市高新区麓谷街道和馨园社区	历史文化类

续表

序号	节事名称	主办单位	承办单位	举办时间	举办地点	类型
58	长沙·中国1024程序员节	长沙市委、湖南锐智国际会展有限公司	华为、CSDN、中科创达、中国开源云联盟、长沙银行	2020年10月23日—25日	长沙市马栏山文创园	综合类
59	2020“走红军走过的路”徒步穿越系列活动（浏阳站）暨“健康星城登高祈福”长沙重阳登高健身大会	湖南省体育局	长沙市体育局、浏阳市人民政府	2020年10月24日—27日	浏阳市大围山国家森林公园	运动休闲类
60	2020湖南省会大学生交响音乐周活动	长沙市委宣传部、长沙市教育局、长沙市文化旅游广电局、共青团长沙市委	长沙交响乐团	2020年10月24日—28日	长沙音乐厅	博览节事活动类
61	九九重阳节，浓浓敬老情——大瑶镇开展重阳节系列活动		湖南浏阳农村商业银行股份有限公司大瑶支行、长沙市温馨助残公益服务中心	2020年10月25日	大瑶镇强盛村	民俗风情类
62	2020第六届湖湘动漫月暨第二届长沙（国际）动漫游戏嘉年	湖南省委宣传部、湖南省文化和旅游厅、中国国际贸易促进委员会湖南省分会	中共长沙市委宣传部、长沙市文化旅游广电局、湖南省动漫游戏协会、中国（长沙）马栏山视频文创产业园管理委员会	2020年10月30日—11月28日	湖南国际会展中心	运动休闲类
63	2020年“全民健身挑战日”活动	中华全国体育总会	省市体育部门	2020年11月1日	湖南省范围	运动休闲类
64	第三届“策展在中国”论坛暨2020年中国美术家协会策展委员会年会系列活动	中国美术家协会策展委员会、湖南美术馆	中华世纪坛艺术馆、湖南省美术家协会、湖南省画院、湖南师范大学美术学院	2020年11月3日—12月3日	湖南美术馆	综合类

续表

序号	节事名称	主办单位	承办单位	举办时间	举办地点	类型
65	浏阳市庆祝新中国第二十一个记者节活动		浏阳市融媒体中心	2020 年 11 月 5 日		综合类
66	“119”消防宣传月活动	湖南省消防安全委员会	湖南省消防救援总队、湖南日报社	2020 年 11 月 9 日	湖南省人民会堂	历史文化类
67	湘江欢乐城电音篝火节	长沙湘江欢乐城、湖南华年文化旅游投资有限公司		2020 年 11 月 13 日—14 日	长沙市湘江欢乐城	历史文化类
68	“融合聚力 智汇三湘”岳麓山大学科技城首届青创文化节	湖南省教育厅	共青团长沙市委	2022 年 11 月 14 日	长沙市岳麓区科创港路演中心	历史文化类
69	湖南省第十一届全民健身节	湖南省体育局、张家界市人民政府	湖南省社会体育指导服务中心、张家界市文化旅游广电体育局	2020 年 11 月 14 日	张家界市民广场	运动休闲类
70	2020 年第二届新国潮汉服节	湖南茂楚文化有限责任公司、长沙卓霖文化传媒有限公司		2020 年 11 月 14 日—15 日	长沙市西湖公园	历史文化类
71	2020 湖南阳光娱乐节暨首届中老年文化旅游节	湖南省文化和旅游厅	湖南省互联网文化旅游协会	2020 年 11 月 19 日	长沙新华联铜官窑古镇景区	历史文化类
72	2020 长沙第 29 届惠民团车节	团车网	团圆网络科技（北京）有限公司	2020 年 11 月 21 日—11 月 22 日	湖南国际会展中心	综合类
73	浏阳市 2020 年中小学生科技节	浏阳市教育局、浏阳市科技协会		2020 年 11 月 25 日	浏阳市青少年校外活动中心	历史文化类
74	第四届水渡河国际艺术节	长沙师范学院、上海大学、上海美术学院	长沙师范学院美术与设计学院	2020 年 11 月 27 日	长沙师范学院	自然景观类

续表

序号	节事名称	主办单位	承办单位	举办时间	举办地点	类型
75	2020 世界媒体艺术之都·长沙市杜鹃花艺术节	长沙市委宣传部、长沙市文化旅游广电局	长沙交响乐团、长沙歌舞剧院、长沙市湘剧保护传承中心、长沙市花鼓戏保护传承中心、长沙市艺术创作研究院、长沙市艺术展览中心（长沙美术馆）、长沙市群众艺术馆、长沙市博物馆、长沙市图书馆、长沙简牍博物馆、长沙市非物质文化遗产保护中心、长沙音乐厅、梅溪湖国际文化艺术中心大剧院、湖南省谭国斌当代艺术博物馆、李自健美术馆、谢子龙影像艺术中心、各区县（市）文旅广体局	2020 年 11 月 28 日—31 日	长沙音乐厅、梅溪湖国际文化艺术中心	娱乐游憩类
76	长沙首届岳麓山青年戏剧节	长沙市文化旅游广电局、长沙市岳麓区人民政府	中共长沙市岳麓区委宣传部、长沙市岳麓区文化旅游体育局、长沙市岳麓区教育局	2020 年 12 月 4 日—2021 年 1 月 23 日	长沙阳光 100 凤凰街、303 阳光剧场	历史文化类
77	长沙首届孝老养生文化节	长沙晚报社	长沙好大夫口腔	2020 年 12 月 11 日—14 日	长沙晚报会议中心	历史文化类
78	浏阳市 2020 年全民终身学习活动周	中共浏阳市委、浏阳市人民政府	浏阳市教育局	2020 年 12 月 11 日	淮川街道城东社区	综合类
79	长沙县 2020 年全民终身学习活动周	中共长沙县委、长沙县人民政府	长沙县教育局、安沙镇人民政府	2020 年 12 月 11 日	长沙县安沙镇	综合类

续表

序号	节事名称	主办单位	承办单位	举办时间	举办地点	类型
80	第七届红枫大学生记者节	湖南省新闻工作者协会、湖南大学、湖南日报报业集团、湖南广播电视台、湖南红网新媒体集团	湖南大学新闻与传播学院	2020 年 12 月 15 日	湖南大学	综合类
81	长沙市学雷锋志愿服务文化节	长沙市志愿服务联合会、长沙市学雷锋志愿服务基金会	长沙市开福区委宣传部（区文明办）、湖南星辰在线新媒体有限公司	2020 年 12 月 15 日—21 日	长沙市世界之窗	历史文化类
82	长沙首届油茶文化节	长沙市林业局		2020 年 12 月 19 日	长沙市林业局	物产餐饮类
83	“不忘初心凝聚合力、牢记使命砥砺前行”第五届社区睦邻节	长沙市文明办、长沙市雨花区文明委	雨花区政府办、雨花区文明办、雨花区委群工办、雨花区民政局、雨花区文体新局、雨花区残联、洞井街道党工委、洞井街道办事处	2020 年 12 月 20 日	长沙市雨花区南庭社区	综合类
84	2020 年元旦春节假期全省文旅惠民活动	湖南省文化和旅游厅		2020 年 12 月 30 日	湖南图书馆	民俗风情类
85	长沙第八届阳光娱乐节	湖南省文化和旅游厅、长沙市人民政府指导、长沙市委宣传部、市文化旅游广电局、市公安局、市市场监管局、市文化市场综合执法局等单位联合	长沙市娱乐演艺行业协会、长沙市互联网上网服务行业协会、湖南琴岛文化传播有限公司	2020 年 12 月 31 日	湖南长沙华天大酒店	娱乐游憩类

四、2020 年度赛事活动列表

序号	赛事名称	主办单位	承办单位	举办时间	举办地点	届数	赛事类型
1	"金健"2020 年湖南省小篮球联赛总决赛	湖南省体育局	湖南省篮球协会	2020 年 1 月 9 日—10 日	长沙市乐运魔方篮球公园	2	体育类
2	湖南米粉大擂台	湖南省委办公厅接待服务中心	湖南省餐协、红网、大湘菜报	2020 年 4 月 14 日	长沙市九所宾馆	1	其他类
3	夜星沙摄影大赛	长沙县人民政府	长沙县商务局	2020 年 7 月—8 月 25 日	长沙县星沙		文化艺术类
4	2020 年湖南省青少年举重大赛	湖南省体育局	湖南省举重运动管理中心、长沙市体育局、湖南省举重协会	2020 年 8 月 18 日—21 日	长郡・浏阳实验学校体育馆		体育类
5	2020（中国・长沙）WBC 洲际拳王争霸赛	世界拳击理事会（WBC）中国机构、长沙市拳击协会	湖南超力体育文化有限责任公司	2020 年 8 月 23 日	长沙市阳光 100 凤凰街	2	体育类
6	2020 国际篮联三人篮球亚洲杯	国际篮球联合会、中国篮球协会	湖南省体育局、长沙市人民政府	2020 年 9 月 9 日—13 日	长沙	3	体育类
7	2020 年湖南省"玉潭中学"杯青少年中国式摔跤锦标赛	湖南省体育局	湖南省摔跤柔道跆拳道运动管理中心、长沙市体育局、湖南省摔跤柔道协会等单位	2020 年 9 月 21 日—23 日	宁乡市文体中心	3	体育类
8	2020 年湖南省职业院校教师职业能力竞赛专业技能比赛	湖南省教育厅	湖南省教育科学研究院	2020 年 10 月 22 日—23 日	湖南铁道职业技术学院、长沙财经学校等 9 所院校		教育类
9	湖南省直机关气排球赛	湖南省体育局	湖南省排球协会、湖南省直工会、湖南省直单位职工文体协会	2020 年 10 月 25 日	湖南省体育场全民健身中心	9	体育类

续表

序号	赛事名称	主办单位	承办单位	举办时间	举办地点	届数	赛事类型
10	湖南省直机关足球联赛	湖南省足球协会、湖南省直单位职工文化体育协会、湖南体育产业集团有限公司	湖南省直单位职工文化体育协会足球分会、湖南体育产业研究院有限公司	2020年10月30日	湖南省人民体育场	14	体育类
11	“TK”垂直马拉松	湖南体育产业集团	湖南体育产业研究院有限公司	2020年10月31日	长沙IFS	4	体育类
12	2020年湖南省旅游饭店业职业技能竞赛	湖南省文化和旅游厅、湖南省人力资源和社会保障厅、湖南省总工会、湖南省妇女联合会	湖南省旅游饭店协会	2020年11月8日—10日	湖南省长沙市	10	教育类
13	“健康湖南”公园健步走活动	湖南省体育局	湖南体育产业集团有限公司	2020年11月15日	长沙贺龙体育馆	2	体育类
14	2020全国全民体能大赛	国家体育总局社会体育指导中心	湖南省体育局、湖南省社体中心、湖南省体育产业集团	2020年11月23日	长沙沙湾公园	3	体育类
15	湖南省首届中医药科普大赛	省中医药管理局	湖南中医药大学第一附属医院、湖南中医药大学第二附属医院、湖南省中医药研究院附属医院、湖南省直中医医院	2020年11月27日	湖南中医药大学第一附属医院、第二附属医院、湖南省中医药研究院、湖南中医药高等专科学校附属第一医院（省直中医院）四个赛区同时进行	1	其他类

续表

序号	赛事名称	主办单位	承办单位	举办时间	举办地点	届数	赛事类型
16	湖南省第二届社区趣味运动会	湖南省体育局	湖南省民政厅、湖南省文化和旅游厅、湖南省妇联、湖南省文明办、湖南体育产业集团	2020 年 12 月 4 日	湖南体育职业学院	2	体育类
17	长沙地铁马拉松	湖南省体育局	湖南体育产业研究院、湖南天闻地铁传媒	2020 年 12 月 9 日	贺龙体育馆	6	体育类
18	2020 年中国广场舞公开赛	国家体育总局、社会体育指导中心、中国红十字会总会事业发展中心、中国社会体育指导员协会	湖南省社会指导中心、湖南省红十字会事业发展中心、湖南省体育产业集团	2020 年 12 月 11 日	长沙航空职业技术学院	4	文化艺术类
19	“幸福湖南”城市定向挑战赛	湖南省体育局	湖南体育产业集团、湖南省职工文体协会、湖南省定向和无线电运动协会、长沙市体育局、长沙市文化旅游广电局	2020 年 12 月 12 日	长沙步步高梅溪新天地	2	体育类
20	湖南省直单位网球赛	湖南省直单位职工文化体育协会	湖南体育产业集团	2020 年 12 月 19 日	湖南省网球运动管理中心体育场	9	体育类
21	2020“薪火传承·中国健康跑”	国家体育总局社会体育指导中心、湖南省体育局	中国韶山市委韶山市人民政府、湘潭市文化旅游广电体育局	2020 年 12 月 24 日	韶山	2	体育类

续表

序号	赛事名称	主办单位	承办单位	举办时间	举办地点	届数	赛事类型
22	2020长沙红色半程马拉松赛	长沙市体育局、长沙市岳麓区人民政府、长沙市岳麓山风景名胜区管理局、湖南省上市公司协会	湖南省上市公司协会	2020年12月26日	湖南省长沙市橘子洲	4	体育类
23	2020湖南省“湘窖杯”大众羽毛球赛总决赛	湖南省体育局	湖南省羽毛球协会	2020年12月27日	湖南省体育场	3	体育类
24	2020湖南省城市三人篮球争霸赛	湖南省体育局	湖南体育产业集团、湖南省职工文体协会、长沙市体育局	2020年12月27日	长沙马栏山运动公园		体育类

五、2020 年度演艺活动列表

序号	演艺名称	主办单位	承办单位	举办时间	举办地点	类型
1	"百年伟大"迎新客户答谢音乐会	中共长沙市委、长沙市人民政府	长沙音乐厅	2020 年 1 月 8 日	长沙音乐厅	音乐类
2	世界媒体艺术之都・长沙杜鹃花艺术月——奋进新时代 2020 新年诗会	长沙市委宣传部、长沙市文化旅游广电局	长沙市群众艺术馆	2020 年 1 月 9 日	长沙实验剧场	歌舞类
3	GAI 周延 2020 盖・世巡回演唱会——长沙站	武汉麦光文化传播有限公司		2020 年 1 月 11 日	长沙国际会展中心	音乐类
4	"拇时代，信未来"2019 年会盛典	中海商学研究所、中宣部党建网	湖南拇时代科技有限公司	2020 年 1 月 12 日	长沙国际会展中心	歌舞类
5	2020 湖南新春音乐会	湖南省委宣传部、湖南省文化和旅游厅、湖南广播电视台、湖南省演艺集团	长沙音乐厅	2020 年 1 月 17 日	长沙音乐厅	音乐类
6	德国汉诺威男童合唱团音乐会	长沙市文化旅游广电局	长沙音乐厅	2020 年 2 月 4 日	长沙音乐厅	音乐类
7	花鼓戏《徐特立》	湖南省委宣传部、湖南省文化和旅游厅	湖南艺术职业学院	2020 年 4 月 6 日	湖南省花鼓戏保护传承中心	戏曲类
8	"百村千场文化进万家"文艺演出	中共长沙市委宣传部、长沙市文化旅游广电局	长沙交响乐团、湖南省森林植物园	2020 年 5 月 10 日	湖南省森林植物园	歌舞类
9	六一儿童节：为孩子打开艺术之门	长沙市文化旅游广电局	长沙音乐厅	2020 年 6 月 1 日	长沙音乐厅	音乐类

续表

序号	演艺名称	主办单位	承办单位	举办时间	举办地点	类型
10	“夏之恋·在长沙”长沙音乐厅&长沙交响乐团2020年复工首演音乐会	长沙市文化旅游广电局	长沙音乐厅	2020年6月10日	长沙音乐厅	音乐类
11	“楚韵潇湘”端午节音乐会	长沙市文化旅游广电局	长沙音乐厅	2020年6月24日	长沙音乐厅	音乐类
12	湘剧《国歌·时候》	长沙市委宣传部、长沙市文化旅游广电局、中共长沙县委、长沙县人民政府	长沙市湘剧保护传承中心、长沙市艺术创作研究院	2020年7月1日	长沙实验剧场	戏曲类
13	人偶童话剧《猴子王》	湘江集团、北京保利剧院管理有限公司	湖南华年文化旅游投资有限公司、长沙梅溪湖保利大剧院管理有限公司	2020年7月8日	梅溪湖国际文化艺术中心	戏剧类
14	儿童剧《哪吒之救世仙童》	湘江集团、北京保利剧院管理有限公司	湖南华年文化旅游投资有限公司、长沙梅溪湖保利大剧院管理有限公司	2020年7月14日	梅溪湖国际文化艺术中心	戏剧类
15	儿童剧《西游前传之大闹天宫》	湘江集团、北京保利剧院管理有限公司	湖南华年文化旅游投资有限公司、长沙梅溪湖保利大剧院管理有限公司	2020年7月15日	梅溪湖国际文化艺术中心	戏剧类
16	儿童剧《彩虹森林》	湘江集团、北京保利剧院管理有限公司	湖南华年文化旅游投资有限公司、长沙梅溪湖保利大剧院管理有限公司	2020年7月16日	梅溪湖国际文化艺术中心	戏剧类

续表

序号	演艺名称	主办单位	承办单位	举办时间	举办地点	类型
17	“一千零一夜”音乐会	湘江集团、北京保利剧院管理有限公司	湖南华年文化旅游投资有限公司、长沙梅溪湖保利大剧院管理有限公司	2020 年 7 月 18 日	梅溪湖国际文化艺术中心	音乐类
18	湘剧《忠诚之路》	湖南省委宣传部、湖南省文化和旅游厅	湖南省湘剧院	2020 年 7 月 23 日	湖南大剧院	戏曲类
19	“国乐下午茶”静听系列——平行时空的瑰丽故事	长沙市文化旅游广电局	长沙音乐厅	2020 年 7 月 25 日	长沙音乐厅	音乐类
20	儿童剧《巨人计划之勇气》	湘江集团、北京保利剧院管理有限公司	湖南华年文化旅游投资有限公司、长沙梅溪湖保利大剧院管理有限公司	2020 年 7 月 25 日—26 日	梅溪湖国际文化艺术中心	戏剧类
21	舞剧《一切归于晨露》	湘江集团、北京保利剧院管理有限公司	湖南华年文化旅游投资有限公司、长沙梅溪湖保利大剧院管理有限公司	2020 年 7 月 25 日—26 日	梅溪湖国际文化艺术中心	戏剧类
22	湘剧《马陵道》	湘江集团、北京保利剧院管理有限公司	湖南华年文化旅游投资有限公司、长沙梅溪湖保利大剧院管理有限公司	2020 年 7 月 28 日	梅溪湖国际文化艺术中心	戏曲类
23	皮影戏《人鱼姑娘》	湘江集团、北京保利剧院管理有限公司	湖南华年文化旅游投资有限公司、长沙梅溪湖保利大剧院管理有限公司	2020 年 8 月 1 日—2 日	梅溪湖国际文化艺术中心	戏剧类

续表

序号	演艺名称	主办单位	承办单位	举办时间	举办地点	类型
24	音乐会《大手牵小手》	湘江集团、北京保利剧院管理有限公司	湖南华年文化旅游投资有限公司、长沙梅溪湖保利大剧院管理有限公司	2020年8月2日	梅溪湖国际文化艺术中心	音乐类
25	花鼓戏《桃花烟雨》	湘江集团、北京保利剧院管理有限公司	湖南华年文化旅游投资有限公司、长沙梅溪湖保利大剧院管理有限公司	2020年8月6日	梅溪湖国际文化艺术中心	戏曲类
26	音乐剧《海洋盛歌——牧鲸人传说》	湘江集团、北京保利剧院管理有限公司	湖南华年文化旅游投资有限公司、长沙梅溪湖保利大剧院管理有限公司	2020年8月7日	梅溪湖国际文化艺术中心	戏剧类
27	儿童剧《赛尔号之逆行世界》	湘江集团、北京保利剧院管理有限公司	湖南华年文化旅游投资有限公司、长沙梅溪湖保利大剧院管理有限公司	2020年8月7日	梅溪湖国际文化艺术中心	戏剧类
28	音乐会《聆听交响》	湘江集团、北京保利剧院管理有限公司	湖南华年文化旅游投资有限公司、长沙梅溪湖保利大剧院管理有限公司	2020年8月8日	梅溪湖国际文化艺术中心	音乐类
29	“湘”约剧场——交响音乐会	湘江集团、北京保利剧院管理有限公司	湖南华年文化旅游投资有限公司、长沙梅溪湖保利大剧院管理有限公司	2020年8月9日	梅溪湖国际文化艺术中心	音乐类

续表

序号	演艺名称	主办单位	承办单位	举办时间	举办地点	类型
30	湘剧《拜月记》	湘江集团、北京保利剧院管理有限公司	湖南华年文化旅游投资有限公司、长沙梅溪湖保利大剧院管理有限公司	2020 年 8 月 11 日	梅溪湖国际文化艺术中心	戏曲类
31	湘剧《白兔记》	湘江集团、北京保利剧院管理有限公司	湖南华年文化旅游投资有限公司、长沙梅溪湖保利大剧院管理有限公司	2020 年 8 月 12 日	梅溪湖国际文化艺术中心	戏曲类
32	春日部的回忆——竖琴与长笛重奏音乐会	长沙市文化旅游广电局、北京保利剧院管理有限公司	长沙音乐厅	2020 年 8 月 13 日	长沙音乐厅	音乐类
33	舞台剧《谈判专家》	湘江集团、北京保利剧院管理有限公司	湖南华年文化旅游投资有限公司、长沙梅溪湖保利大剧院管理有限公司	2020 年 8 月 14 日—15 日	梅溪湖国际文化艺术中心	戏剧类
34	“国乐下午茶”静听系列音乐会《竹吟·指音》	长沙市文化旅游广电局、北京保利剧院管理有限公司	长沙音乐厅	2020 年 8 月 15 日	长沙音乐厅	音乐类
35	袁芳和她的学生们钢琴音乐会	长沙市文化旅游广电局、北京保利剧院管理有限公司	长沙音乐厅	2020 年 8 月 16 日	长沙音乐厅	音乐类
36	施坦威全球艺术家沈诗哲钢琴独奏音乐会	长沙市文化旅游广电局、北京保利剧院管理有限公司	长沙音乐厅	2020 年 8 月 17 日	长沙音乐厅	音乐类

续表

序号	演艺名称	主办单位	承办单位	举办时间	举办地点	类型
37	“传世经典”奥斯卡电影金曲之夜音乐会	长沙市文化旅游广电局、北京保利剧院管理有限公司	长沙音乐厅	2020年8月18日	长沙音乐厅	音乐类
38	818汽车之夜直播晚会	湖南广播电视台	汽车之家、湖南卫视	2020年8月18日	长沙国际会展中心	歌舞类
39	京剧《对花枪》	湘江集团、北京保利剧院管理有限公司	湖南华年文化旅游投资有限公司、长沙梅溪湖保利大剧院管理有限公司	2020年8月19日	梅溪湖国际文化艺术中心	戏曲类
40	宫崎骏遇上迪士尼动漫视听音乐会	长沙市文化旅游广电局、北京保利剧院管理有限公司	长沙音乐厅	2020年8月21日	长沙音乐厅	音乐类
41	古典音乐也疯狂——钢琴五重奏音乐会	长沙市文化旅游广电局、北京保利剧院管理有限公司	长沙音乐厅	2020年8月22日	长沙音乐厅	音乐类
42	“百姓舞台·百姓家”西洋乐专场	长沙市文化旅游广电局、北京保利剧院管理有限公司	长沙音乐厅	2020年8月23日	长沙音乐厅	音乐类
43	“醉了千古爱”七夕情人节音乐会	长沙市文化旅游广电局、北京保利剧院管理有限公司	长沙音乐厅	2020年8月25日	长沙音乐厅	音乐类
44	“过传统佳节，听民族音乐”系列音乐会	长沙市文化旅游广电局、北京保利剧院管理有限公司	长沙音乐厅	2020年8月26日	长沙音乐厅	音乐类

续表

序号	演艺名称	主办单位	承办单位	举办时间	举办地点	类型
45	音乐魔法屋——经典动漫作品多媒体视听音乐会	长沙市文化旅游广电局、北京保利剧院管理有限公司	长沙音乐厅	2020 年 8 月 28 日	长沙音乐厅	音乐类
46	“天青色”场景群仙乐队音乐会	长沙市文化旅游广电局	长沙音乐厅	2020 年 9 月 6 日	长沙音乐厅	音乐类
47	2020“长沙之夜”	湖南省演艺集团、中共长沙市委宣传部、长沙市文化旅游广电局	长沙交响乐团、长沙滨江文化园管理中心、长沙音乐厅	2020 年 9 月 10 日	长沙音乐厅	歌舞类
48	话剧《我的人生》	湘江集团、北京保利剧院管理有限公司	湖南华年文化旅游投资有限公司、长沙梅溪湖保利大剧院管理有限公司	2020 年 9 月 11 日—12 日	梅溪湖国际文化艺术中心	戏剧类
49	保利院线 20 大城市巡演音乐会	长沙市文化旅游广电局、北京保利剧院管理有限公司	长沙音乐厅	2020 年 9 月 15 日	长沙音乐厅	音乐类
50	田佳鑫钢琴独奏音乐会	长沙市文化旅游广电局、北京保利剧院管理有限公司	长沙音乐厅	2020 年 9 月 17 日	长沙音乐厅	音乐类
51	音乐会《春分将至》	湘江集团、北京保利剧院管理有限公司	湖南华年文化旅游投资有限公司、长沙梅溪湖保利大剧院管理有限公司	2020 年 9 月 18 日—20 日	梅溪湖国际文化艺术中心	音乐类

续表

序号	演艺名称	主办单位	承办单位	举办时间	举办地点	类型
52	“国乐下午茶”静听系列音乐会《拾弦东西》	长沙市文化旅游广电局、北京保利剧院管理有限公司	长沙音乐厅	2020年9月19日	长沙音乐厅	音乐类
53	2020年“致敬扫黑英雄”文艺晚会	湖南省文化和旅游厅	湖南省文化馆	2020年9月25日	湖南省文化馆	歌舞类
54	戏剧《小小花木兰》	湘江集团、北京保利剧院管理有限公司	湖南华年文化旅游投资有限公司、长沙梅溪湖保利大剧院管理有限公司	2020年9月26日	梅溪湖国际文化艺术中心	戏剧类
55	恒星乐团民族跨界音乐会	长沙市文化旅游广电局、北京保利剧院管理有限公司	长沙音乐厅	2020年9月28日	长沙音乐厅	音乐类
56	舞台剧《大地颂歌》	湘江集团、北京保利剧院管理有限公司	湖南华年文化旅游投资有限公司、长沙梅溪湖保利大剧院管理有限公司	2020年9月28日—29日	梅溪湖国际文化艺术中心	戏剧类
57	“天涯共此时”中秋节音乐会	长沙市文化旅游广电局、北京保利剧院管理有限公司	长沙音乐厅	2020年9月29日	长沙音乐厅	音乐类
58	丝路驼铃音乐会	长沙市文化旅游广电局、北京保利剧院管理有限公司	长沙音乐厅	2020年9月30日	长沙音乐厅	音乐类

续表

序号	演艺名称	主办单位	承办单位	举办时间	举办地点	类型
59	“百村千场文化进万家”花鼓戏惠民演出	中共长沙市委宣传部、长沙市文化旅游广电局	长沙市花鼓戏保护传承中心、长沙滨江文化园管理中心	2020年10月1日	长沙滨江园文化广场	戏曲类
60	奏响乐器之王——李艺花管风琴独奏音乐会	长沙市文化旅游广电局、北京保利剧院管理有限公司	长沙音乐厅	2020年10月3日	长沙音乐厅	音乐类
61	《皮影精品荟萃》	湘江集团、北京保利剧院管理有限公司	湖南华年文化旅游投资有限公司、长沙梅溪湖保利大剧院管理有限公司	2020年10月4日—5日	梅溪湖国际文化艺术中心	戏剧类
62	袁广泉独唱音乐会	长沙市文化旅游广电局、北京保利剧院管理有限公司	长沙音乐厅	2020年10月5日	长沙音乐厅	音乐类
63	彼得与狼钢琴故事本系列多媒体互动音乐会	长沙市文化旅游广电局、北京保利剧院管理有限公司	长沙音乐厅	2020年10月11日	长沙音乐厅	音乐类
64	西风国韵——中外影视经典系列国风视听音乐会	长沙市文化旅游广电局、北京保利剧院管理有限公司	长沙音乐厅	2020年10月13日	长沙音乐厅	音乐类
65	指尖黑白——陈萨钢琴独奏音乐会	长沙市文化旅游广电局、北京保利剧院管理有限公司	长沙音乐厅	2020年10月16日	长沙音乐厅	音乐类

续表

序号	演艺名称	主办单位	承办单位	举办时间	举办地点	类型
66	话剧《黑洞先生2020》	湘江集团、北京保利剧院管理有限公司	湖南华年文化旅游投资有限公司、长沙梅溪湖保利大剧院管理有限公司	2020年10月16日—17日	梅溪湖国际文化艺术中心	戏剧类
67	“国乐下午茶”静听系列音乐会《何以笙箫》	长沙市文化旅游广电局、北京保利剧院管理有限公司	长沙音乐厅	2020年10月17日	长沙音乐厅	音乐类
68	歌剧《江姐》	湘江集团、北京保利剧院管理有限公司	湖南华年文化旅游投资有限公司、长沙梅溪湖保利大剧院管理有限公司	2020年10月22日	梅溪湖国际文化艺术中心	戏剧类
69	《中国爱乐乐团二十周年全国巡演音乐会》	湘江集团、北京保利剧院管理有限公司	湖南华年文化旅游投资有限公司、长沙梅溪湖保利大剧院管理有限公司	2020年10月23日	梅溪湖国际文化艺术中心	音乐类
70	中国爱乐乐团全国巡演音乐会	长沙市文化旅游广电局、北京保利剧院管理有限公司	长沙音乐厅	2020年10月23日	长沙音乐厅	音乐类
71	话剧《亿万次的孤独和每个身边的你》	湘江集团、北京保利剧院管理有限公司	湖南华年文化旅游投资有限公司、长沙梅溪湖保利大剧院管理有限公司	2020年10月23日—24日	梅溪湖国际文化艺术中心	戏剧类

续表

序号	演艺名称	主办单位	承办单位	举办时间	举办地点	类型
72	话剧《戏台》	湘江集团、北京保利剧院管理有限公司	湖南华年文化旅游投资有限公司、长沙梅溪湖保利大剧院管理有限公司	2020年10月24日—25日	梅溪湖国际文化艺术中心	戏剧类
73	舞剧《流浪》	湘江集团、北京保利剧院管理有限公司	湖南华年文化旅游投资有限公司、长沙梅溪湖保利大剧院管理有限公司	2020年10月27日	梅溪湖国际文化艺术中心	戏剧类
74	喜剧《仲夏夜之梦》	湘江集团、北京保利剧院管理有限公司	湖南华年文化旅游投资有限公司、长沙梅溪湖保利大剧院管理有限公司	2020年10月29日	梅溪湖国际文化艺术中心	戏剧类
75	天空之城 久石让&宫崎骏经典动漫作品视听音乐会	长沙市文化旅游广电局、北京保利剧院管理有限公司	长沙音乐厅	2020年10月30日	长沙音乐厅	音乐类
76	石倚洁与美声男孩专场音乐会	长沙市文化旅游广电局、北京保利剧院管理有限公司	长沙音乐厅	2020年10月31日	长沙音乐厅	音乐类
77	舞台剧《冰雪奇缘》	湘江集团、北京保利剧院管理有限公司	湖南华年文化旅游投资有限公司、长沙梅溪湖保利大剧院管理有限公司	2020年10月31日	梅溪湖国际文化艺术中心	戏剧类
78	2020年湖南省“欢乐潇湘”精准扶贫优秀文艺作品巡演	湖南省文化和旅游厅、湖南省扶贫开发办公室	湖南省文化馆、湖南省花鼓戏保护传承中心	2020年11月3日	湖南省戏曲演出中心	歌舞类

续表

序号	演艺名称	主办单位	承办单位	举办时间	举办地点	类型
79	2020 年城市交响乐团“长沙峰会”	中国交响乐发展基金会、中国音乐家协会管乐学会、湖南省演艺集团、长沙市委宣传部、长沙市文化旅游广电局	长沙交响乐团、长沙音乐厅	2020 年 11 月 3 日—4 日	长沙音乐厅	音乐类
80	苏州交响乐团全国巡演	长沙市文化旅游广电局、北京保利剧院管理有限公司	长沙音乐厅	2020 年 11 月 4 日	长沙音乐厅	音乐类
81	话剧《大宅门》	湘江集团、北京保利剧院管理有限公司	湖南华年文化旅游投资有限公司、长沙梅溪湖保利大剧院管理有限公司	2020 年 11 月 5 日—6 日	梅溪湖国际文化艺术中心	戏剧类
82	浏湘溢彩高参小提琴独奏音乐会	长沙市文化旅游广电局、北京保利剧院管理有限公司	长沙音乐厅	2020 年 11 月 6 日	长沙音乐厅	音乐类
83	舞台剧《瞎画艺术家》	湘江集团、北京保利剧院管理有限公司	湖南华年文化旅游投资有限公司、长沙梅溪湖保利大剧院管理有限公司	2020 年 11 月 6 日—7 日	梅溪湖国际文化艺术中心	戏剧类
84	我的祖国大型管弦乐专场音乐会	长沙市文化旅游广电局、北京保利剧院管理有限公司	长沙音乐厅	2020 年 11 月 7 日	长沙音乐厅	音乐类

续表

序号	演艺名称	主办单位	承办单位	举办时间	举办地点	类型
85	张立萍独唱音乐会	长沙市文化旅游广电局、北京保利剧院管理有限公司	长沙音乐厅	2020年11月8日	长沙音乐厅	音乐类
86	花鼓戏《马前覆水》	湘江集团、北京保利剧院管理有限公司	湖南华年文化旅游投资有限公司、长沙梅溪湖保利大剧院管理有限公司	2020年11月11日	梅溪湖国际文化艺术中心	戏曲类
87	话剧《革命之路》	湘江集团、北京保利剧院管理有限公司	湖南华年文化旅游投资有限公司、长沙梅溪湖保利大剧院管理有限公司	2020年11月13日—14日	梅溪湖国际文化艺术中心	戏剧类
88	“江山如此多娇”红色交响音乐会	湖南省人民政府、江西省人民政府	中共湖南省委宣传部、湖南省文化和旅游厅、江西省文化和旅游厅、中共长沙市委、长沙市人民政府、中国红色旅游推广联盟秘书处	2020年11月14日	长沙音乐厅	音乐类
89	吴牧野钢琴独奏世界巡演音乐会	长沙市文化旅游广电局、北京保利剧院管理有限公司	长沙音乐厅	2020年11月15日	长沙音乐厅	音乐类
90	“国乐下午茶”静听系列音乐会《弦之光影》	长沙市文化旅游广电局、北京保利剧院管理有限公司	长沙音乐厅	2020年11月15日	长沙音乐厅	音乐类

续表

序号	演艺名称	主办单位	承办单位	举办时间	举办地点	类型
91	声音的琥珀——世界民谣室内音乐会	长沙市文化旅游广电局、北京保利剧院管理有限公司	长沙音乐厅	2020年11月16日	长沙音乐厅	音乐类
92	舞台剧《夔龙玉》	湘江集团、北京保利剧院管理有限公司	湖南华年文化旅游投资有限公司、长沙梅溪湖保利大剧院管理有限公司	2020年11月17日	梅溪湖国际文化艺术中心	戏剧类
93	童话剧《小蝌蚪找妈妈》	湘江集团、北京保利剧院管理有限公司	湖南华年文化旅游投资有限公司、长沙梅溪湖保利大剧院管理有限公司	2020年11月18日—19日	梅溪湖国际文化艺术中心	戏剧类
94	吴玉霞琵琶音乐会	长沙市文化旅游广电局、北京保利剧院管理有限公司	长沙音乐厅	2020年11月20日	长沙音乐厅	音乐类
95	“国乐下午茶”静听系列音乐会《筝语潇湘》	长沙市文化旅游广电局、北京保利剧院管理有限公司	长沙音乐厅	2020年11月21日	长沙音乐厅	音乐类
96	话剧《你若安好还得了》	湘江集团、北京保利剧院管理有限公司	湖南华年文化旅游投资有限公司、长沙梅溪湖保利大剧院管理有限公司	2020年11月21日—22日	梅溪湖国际文化艺术中心	戏剧类
97	音乐剧《我的遗愿清单》	湘江集团、北京保利剧院管理有限公司	湖南华年文化旅游投资有限公司、长沙梅溪湖保利大剧院管理有限公司	2020年11月21日—22日	梅溪湖国际文化艺术中心	戏剧类

续表

序号	演艺名称	主办单位	承办单位	举办时间	举办地点	类型
98	京剧《焦裕禄》	湘江集团、北京保利剧院管理有限公司	湖南华年文化旅游投资有限公司、长沙梅溪湖保利大剧院管理有限公司	2020 年 11 月 24 日	梅溪湖国际文化艺术中心	戏曲类
99	山上山下——中阮大师冯满天与满四天四重奏音乐会	湘江集团、北京保利剧院管理有限公司	湖南华年文化旅游投资有限公司、长沙梅溪湖保利大剧院管理有限公司	2020 年 11 月 25 日	梅溪湖国际文化艺术中心	音乐类
100	共和国之恋——八只眼演唱组合演唱会	长沙市文化旅游广电局、北京保利剧院管理有限公司	长沙音乐厅	2020 年 11 月 26 日	长沙音乐厅	音乐类
101	纪念贝多芬诞辰 250 周年长沙交响乐团专场音乐会（四）	湖南省演艺集团、中共长沙市委宣传部、长沙市文化旅游广电局、北京保利剧院管理有限公司	长沙交响乐团、长沙滨江文化园管理中心、长沙音乐厅	2020/11/28	长沙音乐厅	音乐类
102	话剧《生日快乐》	湘江集团、北京保利剧院管理有限公司	湖南华年文化旅游投资有限公司、长沙梅溪湖保利大剧院管理有限公司	2020 年 11 月 28 日—29 日	梅溪湖国际文化艺术中心	戏剧类
103	音乐剧《面试》	湘江集团、北京保利剧院管理有限公司	湖南华年文化旅游投资有限公司、长沙梅溪湖保利大剧院管理有限公司	2020 年 11 月 28 日—29 日	梅溪湖国际文化艺术中心	戏剧类

续表

序号	演艺名称	主办单位	承办单位	举办时间	举办地点	类型
104	单簧管与钢琴二重奏音乐会	长沙市文化旅游广电局、北京保利剧院管理有限公司	长沙音乐厅	2020年11月29日	长沙音乐厅	音乐类
105	舞台剧《大话西游之大圣娶亲》	湘江集团、北京保利剧院管理有限公司	湖南华年文化旅游投资有限公司、长沙梅溪湖保利大剧院管理有限公司	2020年12月1日	梅溪湖国际文化艺术中心	戏剧类
106	《笑傲江湖》经典武侠影视金曲音乐会	长沙市文化旅游广电局、北京保利剧院管理有限公司	长沙音乐厅	2020年12月3日	长沙音乐厅	音乐类
107	莫斯科柴可夫斯基学院博士鲁超钢琴独奏音乐会	长沙市文化旅游广电局、北京保利剧院管理有限公司	长沙音乐厅	2020年12月4日	长沙音乐厅	音乐类
108	话剧《人间烟火》	湘江集团、北京保利剧院管理有限公司	湖南华年文化旅游投资有限公司、长沙梅溪湖保利大剧院管理有限公司	2020年12月4日—5日	梅溪湖国际文化艺术中心	戏剧类
109	第6季心相印纸尚青春音乐汇	长沙筑智文化传播有限公司	福建恒安集团有限公司	2020年12月5日	长沙国际会展中心	音乐类
110	纪念贝多芬诞辰250周年长沙交响乐团专场音乐会（五）	湖南省演艺集团、中共长沙市委宣传部、长沙市文化旅游广电局、北京保利剧院管理有限公司	长沙交响乐团、长沙音乐厅、长沙滨江文化园	2020年12月5日	长沙音乐厅	音乐类

续表

序号	演艺名称	主办单位	承办单位	举办时间	举办地点	类型
111	连台戏《雷雨》《雷雨·后》	湘江集团、北京保利剧院管理有限公司	湖南华年文化旅游投资有限公司、长沙梅溪湖保利大剧院管理有限公司	2020年12月5日	梅溪湖国际文化艺术中心	戏剧类
112	话剧《奶酪的诱惑》	湘江集团、北京保利剧院管理有限公司	湖南华年文化旅游投资有限公司、长沙梅溪湖保利大剧院管理有限公司	2020年12月7日	梅溪湖国际文化艺术中心	戏剧类
113	京剧名家名段演唱会	湘江集团、北京保利剧院管理有限公司	湖南华年文化旅游投资有限公司、长沙梅溪湖保利大剧院管理有限公司、湖南省演出公司	2020年12月9日	梅溪湖国际文化艺术中心	戏曲类
114	人偶剧《鹅！鹅！鹅！》	湘江集团、北京保利剧院管理有限公司	湖南华年文化旅游投资有限公司、长沙梅溪湖保利大剧院管理有限公司	2020年12月11日—13日	梅溪湖国际文化艺术中心	戏剧类
115	舞台剧《莎士比亚别生气》	湘江集团、北京保利剧院管理有限公司	湖南华年文化旅游投资有限公司、长沙梅溪湖保利大剧院管理有限公司	2020年12月12日—13日	梅溪湖国际文化艺术中心	戏剧类
116	2020第六届“百姓大舞台·有艺你就来”群众文艺团队展演活动	长沙市文化旅游广电局	长沙市群众艺术馆	2020年12月14日	长沙实验剧场	歌舞类

续表

序号	演艺名称	主办单位	承办单位	举办时间	举办地点	类型
117	喜剧《三人行不行》	湘江集团、北京保利剧院管理有限公司	湖南华年文化旅游投资有限公司、长沙梅溪湖保利大剧院管理有限公司	2020 年 12 月 14 日	梅溪湖国际文化艺术中心	戏剧类
118	英式闹剧《麦克 WHITE》	湘江集团、北京保利剧院管理有限公司	湖南华年文化旅游投资有限公司、长沙梅溪湖保利大剧院管理有限公司	2020 年 12 月 18 日—19 日	梅溪湖国际文化艺术中心	戏剧类
119	大手牵小手——湘郡未来实验学校 & 麓山中加学校民族音乐会	长沙市文化旅游广电局、北京保利剧院管理有限公司	长沙音乐厅、湖南省歌剧院民族乐团、长沙滨江文化园管理中心	2020 年 12 月 19 日	长沙音乐厅	音乐类
120	舞剧《青衣》	湘江集团、北京保利剧院管理有限公司	湖南华年文化旅游投资有限公司、长沙梅溪湖保利大剧院管理有限公司	2020 年 12 月 19 日	梅溪湖国际文化艺术中心	戏剧类
121	京剧名段演唱会	湘江集团、北京保利剧院管理有限公司	湖南华年文化旅游投资有限公司、长沙梅溪湖保利大剧院管理有限公司	2020 年 12 月 24 日	梅溪湖国际文化艺术中心	戏曲类
122	舞台剧《被嫌弃的松子的一生》	湘江集团、北京保利剧院管理有限公司	湖南华年文化旅游投资有限公司、长沙梅溪湖保利大剧院管理有限公司	2020 年 12 月 25 日—26 日	梅溪湖国际文化艺术中心	戏剧类

续表

序号	演艺名称	主办单位	承办单位	举办时间	举办地点	类型
123	2020长沙新年音乐会	中共长沙市委、长沙市人民政府	湖南省演艺集团、中共长沙市委宣传部、长沙市文化旅游广电局	2020年12月28日	长沙音乐厅	音乐类
124	话剧《我爱桃花》	湘江集团、北京保利剧院管理有限公司	湖南华年文化旅游投资有限公司、长沙梅溪湖保利大剧院管理有限公司	2020年12月29日—30日	梅溪湖国际文化艺术中心	戏剧类
125	话剧《浮士德》	湘江集团、北京保利剧院管理有限公司	湖南华年文化旅游投资有限公司、长沙梅溪湖保利大剧院管理有限公司	2020年12月29日—30日	梅溪湖国际文化艺术中心	戏剧类
126	话剧《武林萌》	湘江集团、北京保利剧院管理有限公司	湖南华年文化旅游投资有限公司、长沙梅溪湖保利大剧院管理有限公司	2020年12月31日	梅溪湖国际文化艺术中心	戏剧类

图书在版编目（CIP）数据

2021年长沙市会展业发展报告 / 许名勇主编. -- 湘潭 : 湘潭大学出版社, 2022.8
ISBN 978-7-5687-0869-2

Ⅰ. ①2… Ⅱ. ①许… Ⅲ. ①展览会－产业发展－研究报告－长沙－2021 Ⅳ. ①G245

中国版本图书馆CIP数据核字（2022）第163174号

2021年长沙市会展业发展报告

2021NIAN CHANGSHASHI HUIZHANYE FAZHAN BAOGAO

许名勇 主编

责任编辑：刘 丹
封面设计：谈振威
出版发行：湘潭大学出版社
社 址：湖南省湘潭大学工程训练大楼
电 话：0731-58298960 0731-58298966（传真）
邮 编：411105
网 址：http://press.xtu.edu.cn/
印 刷：长沙鸿和印务有限公司
经 销：湖南省新华书店
开 本：787 mm×1092 mm 1/16
印 张：11.75
字 数：209千字
版 次：2022年8月第1版
印 次：2022年8月第1次印刷
书 号：ISBN 978-7-5687-0869-2
定 价：39.50元